ALBERT EINSTEIN
E SEU UNIVERSO INFLÁVEL

Dr. Mike Goldsmith
Ilustrações de Philip Reeve
Tradução de Eduardo Brandão
Revisão técnica de Iole de Freitas Druck

27ª reimpressão

SEGUINTE

Copyright do texto © 2002 by dr. Mike Goldsmith
Copyright das ilustrações © 2002 by Philip Reeve
O selo Seguinte pertence à Editora Schwarcz S.A.

Grafia atualizada segundo o Acordo Ortográfico da Língua Portuguesa de 1990, que entrou em vigor no Brasil em 2009.

Título original:
Albert Einstein and his Inflatable Universe

Preparação:
Márcia Copola

Revisão:
Maysa Monção
Isabel Jorge Cury

Dados Internacionais de Catalogação na Publicação (CIP)
(Câmara Brasileira do Livro, SP, Brasil)

Goldsmith, Mike
    Albert Einstein e seu universo inflável / Mike Goldsmith; ilustrações de Philip Reeve; tradução de Eduardo Brandão; revisão técnica de Iole de Freitas Druck. — São Paulo: Companhia das Letras, 2002.

    Título original: Albert Einstein and his inflatable universe.
    ISBN 978-85-359-0294-5

    1. Einstein, Albert, 1879-1955 – Literatura infantojuvenil 2. Físicos – Biografia – Literatura infantojuvenil I. Título.

02-5313   CDD-028.5

Índice para catálogo sistemático:
1. Einstein, Albert: Biografia: Literatura juvenil: 028.5

2024

Todos os direitos desta edição reservados à
EDITORA SCHWARCZ S.A.
Rua Bandeira Paulista, 702, cj. 32
04532-002 — São Paulo — SP — Brasil
Telefone: (11) 3707-3500
www.seguinte.com.br
contato@seguinte.com.br

/editoraseguinte
@editoraseguinte
Editora Seguinte
editoraseguinteoficial

Composição: Américo Freiria
Impressão: Geográfica

A marca FSC® é a garantia de que a madeira utilizada na fabricação do papel deste livro provém de florestas que foram gerenciadas de maneira ambientalmente correta, socialmente justa e economicamente viável, além de outras fontes de origem controlada.

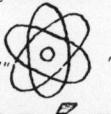

SUMÁRIO

Sempre um gênio?	5
O monstrinho	8
Em absoluto!	22
Beto conquista o tempo	35
Beto escapa	47
Tempo espichado, espaço encolhido	58
Beto e o Deus da ciência	70
A quarta dimensão	77
A interminável guerra	85
O espaço curvo	101
Espaço é flagrado empenando	119
O Universo inflável do Beto	130
Beto e os nazistas	138
Luz granulosa	145
$E = mc^2$	162
Superciência	178
Depois do Beto	183

SEMPRE UM GÊNIO?

Todo mundo já ouviu falar do Albert Einstein. Ele é famoso de morrer. Mas por quê?

Muita gente diz que ele é o cara mais genial de todos os tempos. É possível: quantos outros foram capazes de juntar tantas pecinhas do quebra-cabeça do Universo? Espaço, tempo, átomos, luz, gravidade, energia... O Beto era mesmo um crânio! Eis uma lista bem resumida do que ele descobriu:

- como o Universo funciona e como fazê-lo parar de desinflar;
- como viajar no tempo;
- como contar átomos;
- como transformar coisas em luz e luz em coisas, e
- como, olhando firme para o céu, mas firme mesmo, talvez você possa enxergar sua própria nuca.

Como é que ele conseguiu fazer todas essas descobertas fantásticas? Para saber, é só dar uma olhada no seu diário perdido (tudo bem, tudo bem, o diário nunca existiu...).

> ## Diário perdido do Beto
> Lembrete: como ser o mais genial, sempre.
>
> 1. Tudo no Universo é, na verdade, simplíssimo. Se parece um pouco complicado, é porque não estamos pensando direito.
>
> 2. Para entender como o Universo funciona, é só formular as perguntas certas e pensar nelas a fundo e com muita lógica. Aí você vai ser capaz de entender um montão de coisas incríveis, mas lembre-se...
>
> 3. ... não confie nem nas respostas do senso comum, nem no que as outras pessoas dizem (nem mesmo se uma delas for o Isaac Newton).

ESPERA AÍ! EU MONTEI O QUEBRA-CABEÇA DO UNIVERSO SÉCULOS ATRÁS. EU SOU O MAIS GENIAL DE TODOS OS TEMPOS. POR ACASO TEM COISA MAIS GENIAL QUE A MINHA LEI DA GRAVITAÇÃO UNIVERSAL?

O Newton sempre aparece quando a gente menos espera. Daqui a pouquinho vamos falar dele. E não vai ser por causa da sua Lei da Gravitação Universal — que, aliás, o Beto mostrou não ser tão universal assim.

Neste livro você vai descobrir também algumas coisas incríveis sobre o Beto, por exemplo, que ele foi expulso da escola, que os nazistas tentaram assassiná-lo, ou que o cérebro dele foi retirado.

Sempre um gênio?

As teorias do Beto tratam de coisas que não dá para experimentar num laboratório, por serem extraordinariamente rápidas, pesadas ou pequenas. Assim, em vez de experiências em laboratório, ele realizou experiências em pensamento, valendo-se da sua imaginação prodigiosa para visualizar como tais coisas deviam funcionar. Quando, nestas páginas, você topar com uns estranhos "e se?" e verificar as surpreendentes e fantásticas respostas que ele deu, também estará fazendo experiências em pensamento — muitas vezes as mesmas que o Beto fez.

Essas experiências em pensamento, ele utilizou para desvendar os segredos do espaço e do tempo, entre eles: como as coisas em movimento encurtam, como a gravidade torna o tempo mais lento e como a matéria curva o espaço. Isso talvez soe cabeludo demais, e talvez lhe digam que você pode ir perdendo a esperança, que não vai entender patavina. Pois saiba que um dos aspectos mais brilhantes das teorias do Beto é que qualquer um é capaz de acompanhá-las sem precisar fazer um só cálculo. Como disse o próprio Beto:

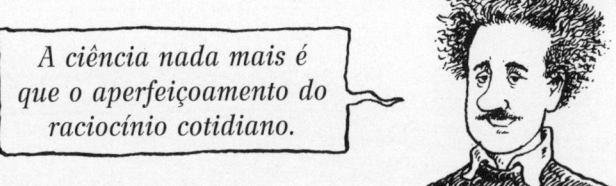

A ciência nada mais é que o aperfeiçoamento do raciocínio cotidiano.

Além do mais, para ajudar você a destrinchar essas teorias, bolamos umas versões bem divertidas delas.

Ao terminar o livro você terá descoberto um dos segredos mais bem guardados do século XXI: você *é capaz* de entender as teorias do Einstein, elas não são tão difíceis quanto se diz, nem vão fazer churrasquinho dos seus miolos.

O MONSTRINHO

Certidão de Nascimento	
NOME:	Albert Einstein
DATA DE NASCIMENTO:	14 de março de 1879, às 11h30
LOCAL DE NASCIMENTO:	Rua da Estação, 135, Ulm, Alemanha
PAI:	Hermann Einstein, comerciante de penas de ganso
MÃE:	Pauline Einstein (Pauline Koch quando solteira)
OBSERVAÇÃO DO MÉDICO:	O bebê tem uma cabeça esquisita, mas não é um monstro, apesar do que diz sua mãe.

Quando o Beto nasceu, nem todo mundo se entusiasmou muito com a sua aparência...

O monstrinho

Beto era o primeiro gênio da família. Mas, no começo, não parecia muito inteligente, não. Quando viu a irmã pela primeira vez, perguntou:

Beto demorou mais que as outras crianças para aprender a falar. Aliás, alguns acham que foi por isso que ele desenvolveu sua prodigiosa imaginação visual, que aplicou aos problemas científicos.

Não há nada de especial para contar sobre a infância do Beto. Ele não ficava decompondo átomos e coisas do gênero: gostava mesmo era de brincar com a irmã, Maja. Mas quando ele tinha uns cinco anos, seu pai, Hermann, lhe deu uma bússola de presente. O Beto ficou fascinado.

Não é esquisito um garoto de cinco anos se interessar por uma bússola? Não seria muito mais divertido perturbar o gato? Só que o Beto não era como a maioria de nós. Quando não entendia uma coisa, ficava transtornado e quebrava a cabeça o tempo que fosse necessário para entendê-la. O magnetismo fascinou-o pelo resto da vida, embora o Beto nunca tenha conseguido explicar direito como isso se encaixava no resto do Universo.

Outra razão do interesse do Beto pela ciência foi seu tio Jakob. Tio Jakob era engenheiro, além de sócio do Hermann no comércio de penas de ganso; foi ele que ensinou álgebra e geometria ao Beto, e vivia dando problemas de matemática para o sobrinho se distrair. Nem todo garoto acharia essa brincadeira divertida, mas o tio Jakob era um especialista em fazer tudo parecer um bom passatempo para o menino — e, afinal de contas, eles não podiam assistir tevê, já que ela ainda não tinha sido inventada.* Esse interesse precoce do Beto pela geometria lhe seria utilíssimo mais tarde, para explicar como a gravidade funciona, e uma das coisas que mais o encantavam nessa ciência é que, nela, as coisas mais fantásticas podem ser provadas por um simples raciocínio lógico — exatamente o tipo de raciocínio que ele usaria para explorar o Universo.

É possível que o Beto tenha tido algumas ideias geniais quando criança, mas, se teve, ninguém as contou; logo, nunca poderemos saber quais foram.

---

* O Beto contribuiu também para a invenção da televisão (ver p. 152).

O monstrinho

Hermann e Pauline eram gente boa. Eram judeus, mas não levavam os costumes judaicos muito a sério. Hermann, em particular, era muito tranquilo. Não esquentou nem mesmo quando, mais tarde, o Beto tomou umas atitudes esquisitas, como recusar a nacionalidade alemã, fazer de tudo para ser expulso da escola e se tornar o maior cientista de todos os tempos. O que o Hermann mais gostava era de ler poesia, passear no campo, comer e beber bem; já a Pauline tinha paixão pela música, especialmente pelo violino (que o Beto também aprendeu a tocar — e tocou pelo resto da vida).

Em certos aspectos, o Hermann talvez fosse um pouco tranquilo *demais*. Interessava-se muito pela ciência e montou várias companhias de eletricidade, com dinheiro emprestado de parentes ricos, talvez sem antes planejar com o devido cuidado seus empreendimentos. No começo, as companhias iam bem e todo mundo estava satisfeito; mas depois, por um ou outro motivo, todas faliram, e os parentes do Beto não ficaram nada contentes com isso. Principalmente os que tinham posto dinheiro nos negócios.

Mas a culpa não foi só do Hermann. Naquela época, viver na Alemanha não era mole...

Tempos difíceis

Correio do canto de cima da parte central da Europa
1871
NOVO PAÍS, QUE SE CHAMARÁ ALEMANHA, É FORMADO A PARTIR DE TREZENTOS PEDACINHOS!
COMEMORAÇÃO DE CARTÓGRAFOS INTERROMPE O TRÂNSITO

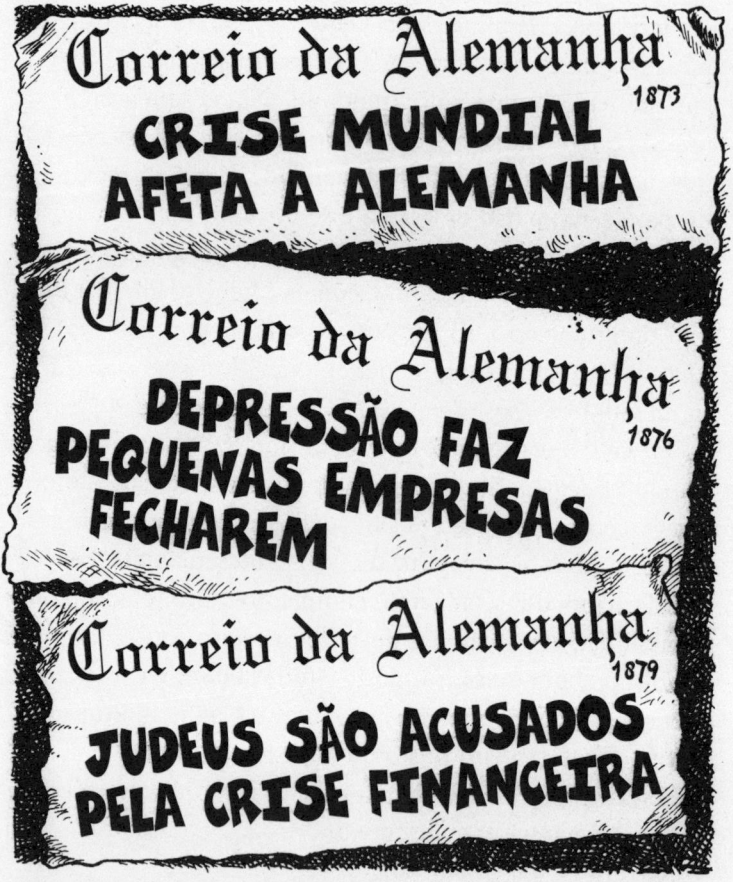

A Alemanha estava ficando cada vez mais belicosa. Todos os homens tinham de prestar serviço militar por dois anos, o Estado investia pesado na fabricação de armamentos, os políticos e até os motoristas de táxi usavam uniformes militares, e o Parlamento aprovava leis proibindo as pessoas de se queixarem disso tudo.

Beto não gostava nada das coisas militares. Um dia, ao ver uns soldados passarem marchando, virou-se para papai Hermann e disse:

O monstrinho

Mas a vida inteira ele teria de lidar com todo tipo de oficiais e de instituições militares. A começar pela escola. Foi isso mesmo que você leu: pela escola. E você achava que a sua era um horror...

Não é que o Beto fosse tão sossegado assim naquela época; ao contrário, tinha um temperamento do cão e, quando ficava com raiva, seu nariz ficava branco. Quando tinha cinco anos, seus pais lhe arranjaram uma simpática professora, mas mesmo naquela tenra idade o Beto manifestava claramente seus sentimentos...

A coitada da professora teve de se demitir, apesar de não ter feito nada de errado. O problema era que o Beto não gostava que ninguém lhe afirmasse uma coisa supondo que ele a engoliria assim mastigadinha. Ele gostava de descobrir tudo por conta própria. Ainda bem, senão nunca teria se tornado um morto de fama.

Escolas de soldados

A primeira escola do Beto chamava-se St.-Peter-Schule. Ele estava com nove anos quando entrou lá. Na escola havia mais de 2 mil alunos, setenta na classe do Beto. As aulas eram assim: o professor mandava os alunos repetirem uma coisa milhões de vezes, até todos saberem a coisa de cor, e para despertar o interesse deles pela matéria, lascava-lhes bengaladas nos nós dos dedos.

Os professores faziam o possível para que a escola fosse como um quartel do exército, e o Beto odiava isso. Ele era obediente, não fazia bagunça e tirava boas notas em quase tudo, mas não era feliz. Não demorou muito para que se isolasse da turma e se tornasse um solitário, o que seria pelo resto da vida.

Após alguns anos nessa sua primeira escola, ele foi para outra, chamada Luitpold, que também odiou.

O monstrinho

LUITPOLD-SCHULE — REGRAS

1. Grego e latim são obrigatórios.
2. Gostar de grego e latim é obrigatório.
3. Todos os alunos têm de saber a matéria de cor. Entender não conta.
4. Física só daqui a sete anos.
5. É proibido pensar com a própria cabeça.
6. É proibido rir com ar superior.
7. É proibido reclamar das regras da escola.

Coitado do Beto. Ele não gostava nem de grego nem de latim. Gostava era de física: será que ia ter mesmo de esperar mais sete anos para aprendê-la? Desse jeito, nunca ia ser um físico famoso de morrer. Seus professores, claro, não estavam nem aí para o que ele pudesse ser na vida. Tanto que, quando Hermann perguntou ao professor do Beto que carreira o filho devia escolher, ele disse:

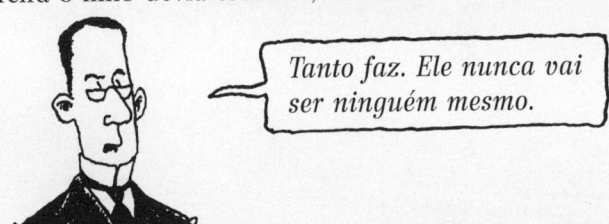

Tanto faz. Ele nunca vai ser ninguém mesmo.

O fato de ser judeu traria uma porção de problemas ao Beto mais tarde, mas naquela época serviu-lhe bastante, porque as famílias judias tinham a bela tradição de toda semana convidar um estudante judeu pobre para jantar. Hermann e Pauline não levavam as tradições judaicas muito a sério, mas eram gente boa, de modo que toda quinta-feira recebiam um estudante de medicina chamado Max Talmud. Max tinha

21 anos quando conheceu o Beto (que então tinha dez) e, como logo percebeu que o garoto gostava de ciência, passou a lhe emprestar todo tipo de livro científico. O Beto adorava esses livros e os discutia com Max, que lhe trazia obras cada vez mais difíceis sobre os temas mais complicados da filosofia e da ciência, com títulos que eram uma verdadeira tentação:

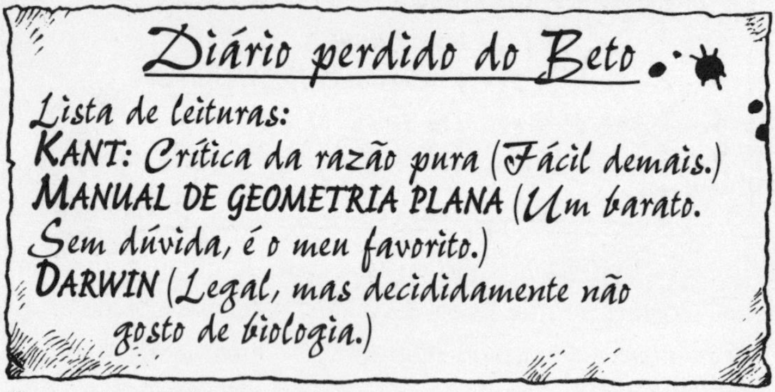
Diário perdido do Beto
Lista de leituras:
KANT: Crítica da razão pura (Fácil demais.)
MANUAL DE GEOMETRIA PLANA (Um barato. Sem dúvida, é o meu favorito.)
DARWIN (Legal, mas decididamente não gosto de biologia.)

Por mais cabeludos que fossem os livros, o Beto entendia todos — e logo, logo estava deixando o Max todo enrolado com suas perguntas.

O QUE É EXATAMENTE GRAVIDADE?
BEM...

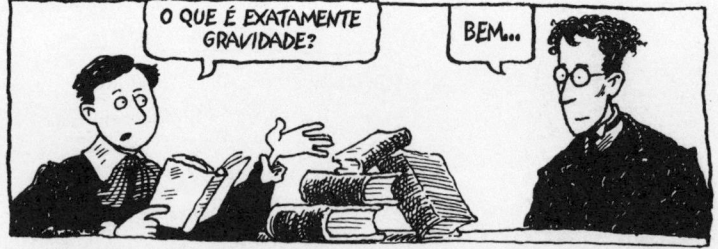

Mas se a religião ajudou o Beto a mergulhar na ciência, a ciência tirou o Beto da religião. Por volta dos onze anos, ele era fervorosamente religioso. Rezava, pregava, e lia livros de religião. Chegou até a escrever hinos e cantá-los a caminho da escola. Lia os livros de religião com o mesmo espírito com que lia os de ciência — para aprender coisas novas. E, como sempre, não era só porque o que o Beto lia estava escrito nos livros que ele aceitava: a coisa tinha de fazer sentido. Mas o problema era que, quanto mais ele lia e quanto mais ele pensava, menos sentido faziam aqueles livros. Até que um belo dia...

A única coisa em que o Beto passou a confiar dali em diante foi a ciência — ainda assim, só depois de ele próprio verificar a argumentação. Mas quando ele começou a pensar na ciência que aprendera, deu-se conta de que uma parte dela não fazia sentido, do mesmo modo que a religião. Tudo isso levou o Beto a se desinteressar mais ainda pela escola, onde ele tinha de simplesmente aceitar o que lhe diziam, sem nada questionar. Como não suportava essa ideia, só pensava numa coisa: sair da escola. O mais rápido possível.

Uma nova vida
Se o Beto queria cair fora mas não podia, o Hermann não queria cair fora mas precisava. A companhia de eletricidade que ele tocava com o irmão Jakob estava em dificuldade: era pequena demais para competir com as concorrentes, cada vez mais poderosas. Em 1894, quando o Beto tinha quinze anos, a empresa faliu, e a família, inclusive o tio Jakob, se mudou para a Itália. Não toda a família, porque...

Albert Einstein e seu Universo inflável

Hermann e Pauline resolveram deixar o Beto com uns parentes distantes, porque não queriam que ele interrompesse os estudos — a data dos exames estava próxima. Mas interromper os estudos era exatamente o que o Beto mais desejava. Ele já estava cheio. Não ia mais ficar naquela escola *de jeito nenhum*, e muito menos com os tais parentes. Bolou um plano maquiavélico e o pôs imediatamente em prática.

O monstrinho

Pois é, o Beto saiu da escola. Isso significava que não ganhou um diploma, mas também que não tinha de prestar serviço militar. Foi para junto da família, na Itália, sem avisar que estava indo. Eles ficaram boquiabertos quando o viram, mas não fizeram drama. Também não deram muita bola para o seu novo plano: não era só das escolas alemãs que ele estava cheio — também não gostava de ser alemão. De modo que resolveu acabar logo com aquilo: fez o Hermann escrever por ele uma carta renunciando à nacionalidade alemã. Isso não significava que o Beto era italiano: agora ele não era cidadão de país nenhum, o que ele achava ótimo, porque não tinha o menor interesse por nacionalidades.

Agora que tinha escapado daquela horrível escola alemã, estava se divertindo a valer. Adorava a Itália, e até deu uma força na fábrica do tio Jakob, mostrando que era mesmo um cara fora de série. Disso a gente já sabia, mas o tio Jakob ficou besta com a criatividade do sobrinho: "Fazia tempo que eu e o meu engenheiro assistente estávamos quebrando a cabeça, quando veio esse rapazola e resolveu o problema em quinze minutos. Ele vai longe!". Pena que a gente não saiba que "problema" foi esse...

O novo projeto do Beto era descobrir como o Universo funcionava. Ele achou que ser professor de ciências seria uma boa maneira de ganhar a vida enquanto punha em prática o tal projeto — embora seu pai quisesse muito que ele fosse engenheiro eletricista. Em todo caso, por ora o Beto queria apenas aprender um pouco mais de ciência, e sabia que, para isso, o melhor era entrar na Escola Politécnica da Suíça, mais conhecida como Póli, em Zurique.

Beto parecia achá-la o máximo:

Diário perdido do Beto

PÓLI - MOTIVOS PARA ENTRAR

1. Não é na Alemanha.
2. Está cheia de gênios.
3. Não precisa de diploma para entrar (o que é ótimo, porque eu não tenho).
4. Para entrar, é só passar no vestibular um ano e meio antes do normal. Para isso, basta ser um gênio, o que eu já sou. Nem vou precisar estudar para o exame.

O monstrinho

Mas infelizmente:

> AGORA QUE PASSEI NO VESTIBULAR, POSSO ENTRAR NA PÓLI, APRENDER MAIS CIÊNCIA, DECIFRAR OS MISTÉRIOS DO UNIVERSO...
>
> VOCÊ NÃO PASSOU, BETO. LEVOU BOMBA EM LÍNGUAS.
>
> MAS EU SOU UM GÊNIO!
>
> EU SEI. SÓ QUE LEVOU BOMBA.
>
> E COMO EU VOU PODER DECIFRAR O UNIVERSO?
>
> TEM UM ÓTIMO LICEU EM AARAU. POR QUE VOCÊ NÃO FAZ UM ANO LÁ, APRENDE UM POUCO MAIS DE CIÊNCIA E MUITO MAIS DE LÍNGUAS, E DEPOIS TENTA A PÓLI DE NOVO?
>
> HUM... E ONDE FICA AARAU? NÃO É NA ALEMANHA, É?
>
> NÃO. É NA SUÍÇA.
>
> AH, ENTÃO ESTÁ BEM.

Na verdade, o Beto não precisou esperar muito para começar a se dedicar ao estudo do Universo. Fazia poucos meses que estava em Aarau quando, aos dezesseis anos, se fez a pergunta que levaria dez anos para responder e que o ajudaria a encaixar várias peças do Universo, resolver os mistérios do espaço e do tempo, e tornar-se famoso de morrer:

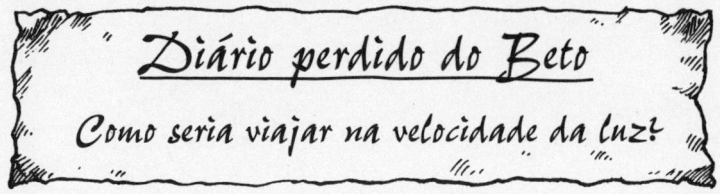

Diário perdido do Beto

Como seria viajar na velocidade da luz?

EM ABSOLUTO!

Na época em que o Beto começou a pensar como deveria ser viajar na velocidade da luz, a maioria dos cientistas achava que já havia explicado mais ou menos tudo sobre o funcionamento do Universo: só faltava burilar aqui e ali as teorias, brincar um pouco com suas equações, fazer mais umas experienciazinhas, que a ciência estaria concluída e eles poderiam ir para casa descansar.

Gente como o Isaac Newton e seus cupinchas (os inimigos dele também — e inimigo era o que não lhe faltava)* bolou leis matemáticas que explicavam toda espécie de coisas, por exemplo, por que os planetas se movem do jeito que se movem, o que gera as marés e por que faz frio no inverno. Eles bolaram também um lindo retrato do Universo, cheio de bolinhas disto e daquilo, todas elas feitas de minúsculos átomos redondos movidos por forças deste ou daquele tipo. Era mais ou menos como uma enorme partida de sinuca, só que mais divertida.

* Ver Mortos de Fama — *Isaac Newton e sua maçã*.

Em absoluto!

Por dentro da matéria

Isaac Newton

Isaac Newton vai aparecer muitas vezes na história do Beto, porque os dois, afinal, faziam mais ou menos a mesma coisa: bolavam teorias matemáticas para explicar como o Universo funciona. Até o Beto entrar em cena, as teorias do Isaac eram as melhores que havia. Eis suas principais descobertas:
- como os objetos se movem quando você os empurra;
- como fazer cálculos que ninguém conseguia fazer, graças à nova matemática que ele inventou;
- algumas dicas sobre a luz, e
- como toda porção de matéria* atrai qualquer outra porção de matéria mediante a força da gravidade.

Mas o Isaac nunca pôde descobrir o que era realmente a gravidade. O que era por demais irritante.

Cientistas como o Isaac eram capazes até de prever o futuro e dizer onde cada planeta estaria na semana ou no século seguinte. Para isso, claro, tinham de fazer uma montanha de cálculos, e sem contar com a ajuda do computador, que ainda não havia sido inventado. Levava tempo, mas eles chegavam lá. Descobriram algumas esquisitices: por

---

* Matéria é a coisa de que tudo é feito. Pode existir na forma de sólido, líquido, gás ou de um treco esquisito chamado plasma.

exemplo, o fato de o planeta Mercúrio não se mover como era de se esperar — mas como ele era pequeno e distante demais, ninguém se preocupou muito com isso.

O Isaac achava que tudo — planetas, estrelas, maçãs, pedaços de pau, tudo mesmo — funcionava como as peças de um gigantesco relógio, construído por Deus, que pusera esse mecanismo em movimento, de tal modo que os planetas giravam em torno do Sol e os átomos trombavam uns com os outros. Tudo isso acontecia num enorme espaço, vazio e informe, que se movia para sempre em todas as direções e no qual o tempo passava uniformemente — para sempre também. Esse vazio se chamava espaço absoluto. Algumas coisas — como o Sol e as pessoas — se moviam nesse espaço, outras não. Dizia-se que as coisas que se moviam eram dotadas de um "movimento absoluto" e que as que não se moviam estavam em "repouso absoluto".

O significado desses termos parece óbvio. Mas será que é mesmo? Se você estiver lendo este livro refestelado num sofá, com a tevê ligada e um coco bem gelado na mesinha ao lado, pode pensar que *está* em repouso absoluto. Mas, na verdade, está viajando pelo espaço a centenas de quilômetros por hora, porque a Terra está em rotação. Mesmo se estiver no polo norte (o que é como estar no eixo de uma roda que roda), você não vai estar em repouso absoluto, porque a Terra está girando em torno do Sol. E o Sol, então? Além de ser

Em absoluto!

bem mais quente, também está se movendo, na sua trajetória pela galáxia, de modo que nem lá você estaria em repouso absoluto. Por falar na galáxia... Bem, você já entendeu. Ficar em repouso absoluto não é tão fácil quanto parece.

Esse tipo de problema não preocupava a maioria dos cientistas quando o Beto era criança. Resumidamente, eles consideravam o Universo um lugar complicado, cheio de toda espécie de coisas estrambóticas, o qual, no entanto, sabiam mais ou menos como funcionava. E se davam por satisfeitos com seu conhecimento. Até surgirem perguntas embaraçosas como:

Para perguntas como essas não havia resposta — pelo menos era o que se pensava. Um dia, o Beto é que iria responder a elas, mas por ora ele tinha outra coisa com que quebrar a cabeça: como seria viajar na velocidade da luz?

Essa foi uma das questões que levaram o Beto à Teoria da Relatividade Especial — a primeira coisa a torná-lo famoso de morrer. A relatividade explica como o mundo é de fato, mas com frequência parece tão esquisita que as pessoas às vezes dizem:

E o que é esse tal de senso comum? É nossa sensação de como o mundo "deve ser", e se baseia na nossa experiência das coisas que vemos e costumamos fazer: consultar o relógio, viajar de carro, passar férias na praia ou no campo... Não se baseia em experiências como consultar um relógio atômico, viajar em espaçonaves futuristas a milhares de quilômetros por segundo ou passar férias em estrelas do tamanho de milhares de sóis. Se fizéssemos coisas assim, seríamos tão feras em relatividade quanto o Beto, porque a relatividade seria então, para nós, o próprio senso comum.

AH! TUDO ISSO FAZ SENTIDO!

Em todo caso, sabemos que o senso comum muitas vezes se equivoca. Pelo senso comum, por exemplo, a Terra não é plana?

Por dentro da matéria

Relatividade
Talvez seja a hora de pôr você a par de um pequeno segredo. A Teoria da Relatividade, com que o Beto revolucionou a física, baseia-se todinha numa só ideia. É simplíssima, mas também meio desconcertante, embora num primeiro momento possa não parecer. Essa ideia é...

NÃO EXISTE MOVIMENTO ABSOLUTO.

Em absoluto!

O único tipo de movimento que existe é o movimento RELATIVO (daí o nome "relatividade"). É melhor a gente dar uma olhada nesse ponto, porque vai fazer tudo ficar muito mais claro.

Imagine que em todo o Universo existam apenas um planeta e um Sol. Não existem outros planetas, luas, estrelas. Você está nesse planeta e vê o sol se movendo lentamente no céu. Por que isso acontece?

Dá para mostrar quem tem razão?

Não. Você tanto pode afirmar que o planeta está girando em torno do seu eixo, como que o Sol está girando em torno do planeta (ou as duas coisas), e ninguém pode provar que você está errado. Na verdade, não tem nem sequer sentido levantar essa questão. Seria como perguntar: "Eu sou mais alto que você, ou você é que é mais baixo que eu?". Se tanto faz responder uma coisa como outra, é que se trata de uma opção, e não de um fato. O único fato é que o Sol muda sua posição no céu, mostrando que está se movendo *em relação a* você.

Beto podia provar uma coisa: que esse movimento relativo é o único tipo de movimento que existe. É perfeitamente possível *supor* que a Terra está parada e que a Lua, o Sol e todas as estrelas e galáxias se movem em torno dela, em complicadas trajetórias, porém, mais uma vez, é apenas uma opção, não é um fato nem uma afirmação falsa. Uma opção que a maioria de nós faz a maior parte do tempo. Já os astronautas da Apolo, quando estavam na Lua, trataram a Terra como se ela estivesse se movendo e a Lua estivesse parada. Costumamos optar por uma maneira que nos facilite tratar das coisas.

Quando você diz: "O carro está se movendo a dez metros por segundo", todo mundo entende que você quer dizer que "o carro está se movendo a dez metros por segundo em relação ao solo". Mas você também *poderia* dizer: "O carro está se movendo a 30 mil metros por segundo em relação ao Sol", ou: "O carro está se movendo a 250 mil metros por segundo em relação ao centro da galáxia". Ou ainda: "O carro não está se movendo em relação aos dados pendurados no retrovisor".

Todas essas afirmações são verdadeiras. O que você afirmar será apenas uma opção sua. Você só não pode dizer em que velocidade o carro está se movendo, sem se referir a nenhuma outra coisa.

Em absoluto!

Quando o Beto entrou em cena, os cientistas pensavam que haviam descoberto um jeito de decifrar o movimento absoluto dos objetos. Inventaram que existia uma coisa invisível, absolutamente imóvel, chamada éter, que preenchia todo o espaço. A velocidade absoluta da Terra seria sua velocidade através do éter, portanto eles só precisavam medir essa velocidade. Infelizmente, descobriram que não podiam fazê-lo e ficaram transtornados, até o dia em que o Beto apareceu com a sua solução.

Muito se discutiu, desde então, se os fracassados experimentos para estudar o éter foram ou não o ponto de partida da Teoria da Relatividade do Beto. O próprio Beto não parecia muito seguro a esse respeito, mas, de um modo geral, disse que não foram, e seus escritos e argumentos praticamente não fazem alusão ao éter — um deles apenas aponta de passagem que já não havia necessidade de acreditar no tal do éter.* Graças ao Beto, ninguém precisava mais quebrar a cabeça para medir o movimento absoluto, porque ele tinha mostrado que isso não existia.

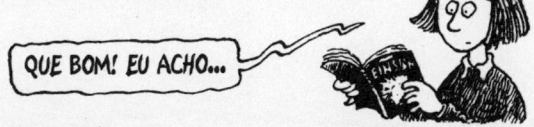

Ninguém está dizendo aqui que não existe movimento, e sim que o único tipo de movimento que existe é o movimento relativo. É o único que tem algum sentido. Você acha que não é nem um pouco interessante dizer uma coisa como essa? Espere só para ver o que o Beto vai fazer com ela...

---

* Vamos encontrar o éter novamente na página 147.

NÃO SE APAVORE!

Algumas partes do trecho que segue podem parecer complicadas demais, a princípio, mas não há nenhum cálculo, e na página 45 tem um resumo bem mastigado só para você.

No mundo da relatividade, a melhor maneira de medir velocidades não é em quilômetros por segundo ou por hora, mas em frações da velocidade da luz. Assim, em vez de ir a 150 mil quilômetros por segundo, você diz que vai na metade da velocidade da luz, ou 0,5 × c, ou simplesmente 0,5c (a velocidade da luz costuma ser escrita assim: *c*). É só quando as coisas vão a uma fração razoável da velocidade da luz que a relatividade começa a se fazer notar.

A luz anda rápido demais. Mas rápido demais *mesmo*. Digamos que você leve dez minutos para ir da sua casa ao shopping. Pois bem. Só enquanto você calça o tênis, a luz já foi até lá e voltou 10 milhões de vezes. Se quisesse, a luz poderia dar a volta à Terra sete vezes num só segundo, ou dar um pulinho na Lua em menos de dois.

Mas imagine que você está acostumado com esses tipos de velocidade e é capaz de se mover milhões de vezes mais depressa do que o normal, tanto que ir na metade da velocidade da luz seria, para você, como bater pernas no shopping, em vez de um estonteante ZZZZZZZZZZZZUUM que o faria pôr os bofes pela boca. (Também pode imaginar, se quiser, que em vez de você ir numa velocidade incrível, a luz é que viaja com uma lentidão incrível — apenas alguns metros por segundo.) "O que aconteceria?", matutava o Beto. Ele tinha certeza de que isso teria um efeito arrasador no Princípio da Relatividade.

Não, senhor. Ele inventou a *Teoria* da Relatividade, e não o *Princípio* da Relatividade. O Princípio da Relatividade vinha dando sopa por aí havia séculos, e uma maneira de enunciá-lo é: "As leis da natureza são as mesmas, esteja você parado ou se movendo uniformemente em linha reta".

É. O mundo seria um lugar sem pé nem cabeça se o Princípio da Relatividade estivesse errado — imagine só o que aconteceria se o seu relógio andasse para trás quando você estivesse no seu skate, ou se as pessoas ficassem de pernas para o ar nos trens.

O caso é o seguinte: se você estiver num trem em movimento e deixar seu walkman cair, ele vai se arrebentar aos seus pés, exatamente como aconteceria se você estivesse no chão, ou

seja, as leis de Newton funcionam do mesmo modo sempre, de acordo com o Princípio da Relatividade. MAS se o trem estiver freando, dando solavancos ou fazendo uma curva, o Princípio não se aplica e o walkman vai cair em outro lugar. Se o trem estiver dando uma freada das brabas, o walkman pode até ir se arrebentar na parede à sua frente. Nos próximos capítulos, vamos falar de trens muito certinhos, que andam em linha absolutamente reta, sem dar solavancos nem mudar de velocidade. Vamos chamar esse movimento de movimento uniforme, para simplificar as coisas.

O Princípio da Relatividade parece meio chato, como alguém que diz: "Se você comer esse chocolate inteiro, vai ficar com dor de barriga". É tão óbvio, é irritante. Mas quando o Beto começou a entender o que o Princípio significava de fato, ele foi chegando a algumas conclusões bem curiosas sobre o tempo.

O mistério do movimento

O Princípio pode ser enunciado de uma maneira diferente: se as leis da natureza não são afetadas pelo movimento, tampouco o serão experimentos, máquinas, medidas ou observações. Em outras palavras, não há como dizer se você está se movendo ou não. Logo...

O PRINCÍPIO DA RELATIVIDADE

NENHUMA MEDIDA PODE SER FEITA DE MODO A PERMITIR SABER SE VOCÊ ESTÁ PARADO OU MOVENDO-SE UNIFORMEMENTE.

Isso parece meio esquisito: afinal, todo mundo sabe quando está se movendo! Ou não sabe?

Você está num trem; como pode convencer um amigo do contra de que o trem está em movimento?

Em absoluto!

Você também não o convenceria se deixasse cair o walkman ou qualquer outra coisa, nem se fizesse qualquer outro experimento: não há como afirmar a diferença entre o movimento uniforme e a imobilidade.

Será mesmo? As pessoas sabem que o trem ou qualquer outra coisa está se movendo *em relação à* Terra; mas será que você é capaz de *provar* que é o trem que de fato está se movendo, e não a Terra? É o mesmo problema que apareceu na página 24: como você pode saber se está em repouso absoluto ou não?

A importância disso para a teoria do Beto é tanta, que vamos dizer mais uma vez: "Nenhuma medida pode ser feita de modo a permitir saber se você está parado ou movendo-se uniformemente".

Beto ficou fascinado com essa ideia e queria explorá-la melhor. Seria ela sempre verdadeira, mesmo em altas velocidades? Ninguém ainda tinha descoberto nada que se movesse mais depressa que a luz, por isso o Beto se imaginou viajando nesta megavelocidade: 300 milhões de metros por segundo. Pelo que então se sabia, não havia nada de especial com essa velocidade, a não ser que é a da luz — do mesmo modo que não há nada de especial com a de 330 metros por segundo, a não ser que é a velocidade do som.

Quando se imaginou indo na velocidade da luz, o Beto soube exatamente o que faria em seguida...

Mas nós não. Ninguém sabe direito o que passou pela incrível cabeça do Beto, para levá-lo da sua ideia sobre viajar na velocidade da luz às suas conclusões estonteantes sobre o tempo, mas o capítulo seguinte dá algumas pistas...

BETO CONQUISTA O TEMPO

NÃO SE APAVORE!
Este capítulo pode fazer você se sentir meio...

... mas não tem equações, e quando chegar ao fim, você vai saber como fazer o tempo andar mais devagar.

Vamos ver como o Beto checou se as ideias do senso comum sobre velocidade, luz e tempo fazem sentido, qualquer que seja a velocidade em que você vá. Imagine-se num trem que roda milagrosamente na velocidade da luz. Em poucos minutos você chegará ao planeta Marte, mas antes tem tempo de dar uma olhada na parede de trás do vagão.

Sabe o que acontece? Você não consegue vê-la. Na verdade, não consegue ver nada naquela direção. Por quê? Porque você só pode ver uma coisa se os raios de luz vierem dessa coisa até os seus olhos. Os raios de luz da parte de trás do vagão viajam na velocidade da luz (como é de esperar de qualquer raio de luz que se preze), mas você também está viajando nessa velocidade, de modo que os raios da parte de trás do vagão nunca vão chegar até você. Logo, não há nada para ver!

Esquisito, não é? Tem mais: lembra do Princípio da Relatividade? "Nenhuma medida pode ser feita de modo a permitir saber se você está parado ou movendo-se uniformemente."

No entanto, você acaba de descobrir o que parece ser um meio seguro de saber se está se movendo ou não: se você não consegue ver a parede de trás do vagão, é que você deve estar se movendo (na velocidade da luz). Mas o Princípio da Relatividade diz que não há meio de mostrar isso.

Desconcertante, não é? O Princípio da Relatividade é uma lei básica. Não há mesmo nenhuma possibilidade de ele estar errado?

Vamos supor que ele esteja certo e vejamos o que acontece. Ele diz que a maneira como você vê o vagão não lhe permite saber se você está se movendo ou não; então, o vagão parecerá normal para você, qualquer que seja a velocidade em que ele se mova. E ele só parecerá normal se a luz que vem da parte de trás chegar aos seus olhos como normalmente chegaria.

Não há outra possibilidade. Se o Princípio da Relatividade estiver correto, o vagão tem de parecer normal e a luz tem de se comportar de maneira normal. Isso só é possível se a luz ignorar o movimento do trem e viajar na sua velocidade costumeira das paredes do vagão até seus olhos — exatamente como se o trem não estivesse em movimento. A velocidade da luz teria de ser a mesma para todos, quer estivessem em movimento, quer estivessem parados.

Isso pode não parecer estranho, mas é. E é estranho à beça. O Beto percebeu que a maneira como a luz se comporta é bem diferente daquela como se comportam outras coisas em movimento. Se um jogador de críquete arremessar uma bola enquanto estiver correndo, a bola irá mais depressa do que se ele a arremessar quando estiver parado. Porque a bola já estará se movendo na velocidade em que ele está correndo e, quando for arremessada, alcançará uma velocidade maior.

O JOGADOR CORRE A 5 METROS POR SEGUNDO.

O JOGADOR ARREMESSA A BOLA A 10 METROS POR SEGUNDO.

A BOLA SE MOVE A 10 + 5 = 15 METROS POR SEGUNDO.

Não fosse o Beto, todo mundo imaginaria que se em vez de arremessar uma bola, o jogador de críquete corresse com uma lanterna acesa, teríamos um feixe de luz que viajaria na velocidade normal da luz *mais* a velocidade em que o jogador estivesse correndo. Mas a teoria do Beto diz que isso não é verdade e que, por mais rápido que o jogador corra, a luz vai viajar na mesmíssima velocidade de sempre: 300 milhões de metros por segundo. Mesmo que o jogador corra em direção ao batedor na velocidade da luz, empunhando a lanterna acesa: se o batedor medir a velocidade da luz da lanterna, o resultado continuará sendo 300 milhões de metros por segundo.

Apesar dessa conclusão esquisita, o Beto resolveu supor que era verdade que a luz viajava na mesma velocidade para todos. Queria descobrir aonde essa suposição o levaria. Esta é mais uma daquelas coisas importantíssimas; diz assim...

A VELOCIDADE DA LUZ É A MESMA PARA TODOS, INDEPENDENTEMENTE DA VELOCIDADE EM QUE CADA UM VÁ.

Esse fato estranho, que foi comprovado zilhões de vezes, afeta apenas a luz (e outras coisas parecidas, como as ondas de rádio, que se movem na mesma velocidade). Não vale para o som, por exemplo: se você correr de uma onda sonora e medir a velocidade dela, verá que ela é mais lenta do que quando você está parado. Se correr mais rápido que ela, vai escapar do som. É o que acontece com quem viaja num avião supersônico: não ouve o ronco do motor, porque está se movendo mais depressa que o som. Mas, de um raio de luz, não tem como escapar: por mais rápido que você corra, ele sempre vai iluminar você, e vai estar sempre se movendo na mesmíssima velocidade.

Mas por quê? Como o Beto podia explicar esse fato estranho? Perguntou a si mesmo: "O que é, realmente, a velocidade?". É apenas uma medida do *tempo* necessário para percorrer certa distância.

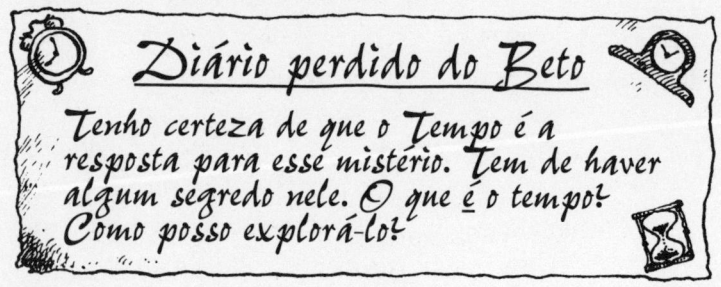

Diário perdido do Beto

Tenho certeza de que o Tempo é a resposta para esse mistério. Tem de haver algum segredo nele. O que é o tempo? Como posso explorá-lo?

Beto conquista o tempo

Pode-se explorar o tempo com um relógio. Um relógio assim:

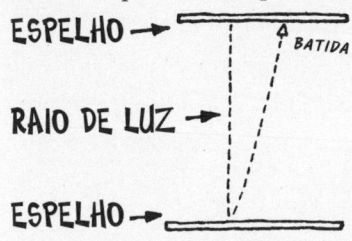

ESPELHO →

RAIO DE LUZ →

ESPELHO →

BATIDA

O RAIO DE LUZ INCIDE ENTRE DOIS ESPELHOS. A CADA VEZ QUE ELE INCIDE, CONTAR UMA BATIDA.

(SE OS ESPELHOS ESTIVEREM AFASTADOS 30 CM, O RELÓGIO VAI BATER 1 BILHÃO DE VEZES POR SEGUNDO!)

Esse tipo de relógio não é lá essas coisas, porque: (a) é imaginário, e (b) se você utilizá-lo quando for cozinhar um ovo, vai ter de contar até 200 bilhões.

> CEM BILHÕES, NOVECENTOS E NOVENTA E NOVE MIL E UM, CEM BILHÕES, NOVECENTOS E NOVENTA E NOVE MIL E DOIS, CEM BILHÕES, NOVECENTOS E NOVENTA E NOVE MIL E... AH, CANSEI. VOU COMER BOLACHA.

Mas pensar num relógio de luz é uma boa coisa, porque ele é simples (muito mais simples do que aqueles com um monte de engrenagens ou do que um cuco), e já sabemos que pensar na luz é uma boa maneira de explorar os efeitos de uma viagem em alta velocidade. Imagine então que você despachou seu relógio de luz numa viagem em alta velocidade. O que aconteceria se ele se movesse cada vez mais depressa?

Bem, imagine de novo que você está acostumado a dar seus rolés a centenas de milhões de metros por segundo; vai lhe parecer que a luz se move lentamente e que um centésimo de milionésimo de segundo (ou seja, dez nanossegundos) é um tempo razoavelmente longo.

Um amigo seu, o Geraldo, está bem na sua frente, com o relógio de luz nas mãos, e você, de olho no raio de luz, que lhe parecerá um pontinho luminoso movendo-se para cima e para baixo, em linha reta, dentro do relógio. É noite alta, e você mal enxerga o Gera e o relógio; a única coisa que dá para enxergar direito é o pontinho luminoso movendo-se para cima e para baixo, mais ou menos como se seu amigo estivesse agitando uma estrelinha numa noite de São João. Cada vez que o ponto de luz chega a um dos espelhos, o relógio bate. Você ouve uma batida a cada nanossegundo. E, claro, pode ver que o pontinho luminoso está se movendo na velocidade da luz.

> ÓBVIO. (BOCEJO)
>
> ← GERALDO

Não, não durma! Uma coisa estranhíssima está para acontecer a qualquer nanossegundo, agora...

Agora, o Gera sai andando a mais ou menos um quarto da velocidade da luz, carregando o relógio de luz, que não para de tiquetaquear. E o que você vê o ponto de luz fazer?

> A DISTÂNCIA VERTICAL PERCORRIDA PELO RAIO DE LUZ AINDA É A MESMA.
>
> BOM, O PONTO LUMINOSO ESTÁ SE MOVENDO EM ZIGUE-ZAGUE. É COMO SE ALGUÉM PASSASSE CORRENDO, AGITANDO UMA ESTRELINHA DE SÃO JOÃO PARA CIMA E PARA BAIXO: ELA SE MOVE NA HORIZONTAL E NA VERTICAL. E DAÍ?

Agora o Gera começa a correr. Olhe só como fica o zigue-zague:

> A DISTÂNCIA VERTICAL PERCORRIDA PELO RAIO DE LUZ AINDA É A MESMA.

> QUE CONCLUSÃO É PARA TIRAR DISSO TUDO?

A seguinte: quanto mais depressa o Gera passar por você, mais o ponto luminoso tem de andar para ir de um espelho ao outro do relógio (meça um zigue-zague da ilustração acima: ele é mais comprido que o da anterior, e seria ainda mais comprido se, na ilustração anterior, o Gera estivesse parado).

> ORA: É ÓBVIO QUE QUANTO MAIS DEPRESSA O GERA VAI, MAIS DEPRESSA VAI A LUZ.

Ah, não vai, não. Ela *não pode* ir mais depressa. Lembre-se: a velocidade da luz é a mesma para todos, independentemente da velocidade em que cada um vá.

Logo, se ela tem de andar mais e não pode andar mais depressa, então tem de levar *mais tempo* para atingir o espelho do relógio e dar uma batida. Logo, o tempo entre as batidas é maior. Logo, em outras palavras, *o relógio funciona mais devagar*.

Pois é. Mas antes de explorarmos os mistérios do tempo e do espaço, e irmos mais longe bem depressa — mas bem depressa mesmo —, é bom não esquecer três coisas:

1 Para o Gera, a luz não está ziguezagueando. Ele está levando o relógio nas mãos, portanto ainda vê a luz quicando para cima e para baixo: a mesma distância de sempre, a mesma velocidade de sempre, o mesmo tempo de sempre entre as batidas.

AGORA POSSO PARAR DE CORRER NO ESCURO?

2 Isso é totalmente diferente do que acontece com as coisas que se movem nas velocidades do dia a dia. Imagine o Gera parado na sua frente, brincando com um ioiô. O brinquedo sobe e desce numa certa velocidade — digamos, leva um segundo para subir e descer uma vez. Agora, se o Gera passar correndo por você, o ioiô vai ziguezaguear como na ilustração da página 40 (ou como na ilustração acima, se ele passar disparado). Mas isso significa apenas que o ioiô acompanha o Gera qualquer que seja a velocidade em que ele corra, e que sobe e desce na mesma velocidade de sempre: continua levando um segundo para subir e descer uma vez. Isso quer dizer que sua velocidade total é maior do que seria se o Gera estivesse parado. Não tem nada de errado nisso, porque não há nenhuma lei que diga: "A velocidade de um ioiô é a mesma para todos, independentemente da velocidade em que cada um vá".

ESSA FÍSICA ESTÁ FICANDO PERIGOSA!

3 As coisas têm de correr um bocado, antes de esses efeitos poderem ser notados: se você mandar seu relógio reserva passear um ano inteiro, a 75 quilômetros por segundo, quando ele voltar vai estar apenas um segundo atrasado em relação ao relógio titular, que ficou no seu pulso. Mas se os efeitos fossem assim óbvios, não teríamos precisado que o Beto os descobrisse...

Os relógios de luz funcionam devagar, certo? Mas e as outras coisas? O Princípio da Relatividade diz que não há meio de uma pessoa que vai num veículo em movimento atestar que ela e o veículo estão de fato se movendo. Mas o relógio de luz funciona mais devagar em altas velocidades: essa diminuição da velocidade não mostraria às pessoas a bordo que elas estão se movendo? Não, se a velocidade delas também diminuir! Portanto, tudo no veículo tem de andar mais devagar: todos os tipos de relógio, todas as máquinas, e até o corpo e os pensamentos dos passageiros. O PRÓPRIO TEMPO TEM DE ANDAR MAIS DEVAGAR NUM VEÍCULO EM MOVIMENTO. Só nesse caso ninguém a bordo notará que o relógio está atrasando, e só assim o Princípio da Relatividade ainda pode ser válido. Nenhum dos passageiros vai notar nenhuma alteração em nada, porque tudo aquilo que observarem dentro do veículo será tão afetado quanto eles. Somente para alguém que estiver do lado de fora do veículo é que o retardamento do tempo a bordo será visível.

SEGREDOS DO ESPAÇO E DO TEMPO
Número 1:
O TEMPO PASSA MAIS DEVAGAR NUM VEÍCULO EM MOVIMENTO.

Logo, se você pusesse sua tia-avó Amélia num foguete transparente, acelerasse o foguete até perto da velocidade da luz e ficasse aqui na Terra, a salvo, veria os movimentos do corpo dela e o brilho do seu relógio de luz irem ficando mais vagarosos à medida que o foguete fosse mais depressa. É impossível a tia Amélia viajar na velocidade da luz, mas ela poderia chegar bem perto desta, e então seus movimentos ficariam quase completamente congelados.

CÁ ENTRE NÓS, NEM DÁ PRA NOTAR A DIFERENÇA.

Se a tia Amélia, por sua vez, olhasse para você com sua luneta portátil, veria acontecer o mesmo tipo de coisas estranhíssimas. Seu relógio de luz, seu coração e sua cabeça continuariam tiquetaqueando, batendo e pensando no mesmo ritmo de sempre, mas ela enxergaria tudo lá fora andando mais devagar. À medida que ela se aproximasse da velocidade da luz, os passarinhos pairariam no ar quase sem bater as asas, os rios correriam devagar como as lesmas e você iria parecer uma estátua viva.

PREGUIÇOSO! NÃO MEXEU UM MÚSCULO ESSE TEMPO TODO!

Beto provou que a velocidade da luz nunca pode ser alcançada por um foguete, um planeta ou qualquer outro objeto; logo, a resposta à pergunta que ele fizera sobre como seria viajar na velocidade da luz não é muito estimulante: "Nem pensar, cara: é impossível!". (Na página 164, veremos o que aconteceria com quem tentasse essa façanha.) Mas a pergunta levou-o a algumas respostas surpreendentes, inclusive a do retardamento do tempo em velocidades altíssimas.

E é aí que está a chave da Teoria da Relatividade Especial. Veja um resumo:

DIVIRTA-SE!

AS INCRÍVEIS TEORIAS DE BETO EINSTEIN: TEMPO E MOVIMENTO

1 As leis da natureza são as mesmas, esteja você em movimento ou não (Princípio da Relatividade).

2 Por isso, você não pode saber com certeza se está se movendo ou não.

3 Mas você pode acreditar que exista um jeito de saber se está se movendo: se você se mover na velocidade da luz, pode achar que o interior do seu veículo ficou diferente (porque os raios da traseira nunca chegam até você).

4 Mas não aceitamos em hipótese alguma que o Princípio da Relatividade está errado. A única alternativa é dizer que a velocidade da luz é a mesma, esteja você se movendo ou não. Então, o interior do veículo sempre terá o mesmo aspecto, independentemente da velocidade em que você vá.

5 Mesmo assim, parece haver ainda uma possibilidade de saber se você está se movendo e desmentir o

Albert Einstein e seu Universo inflável

> Princípio da Relatividade: se você usar um relógio de luz, ele vai funcionar mais devagar (porque a luz teria de andar mais, entre cada batida, para alcançar os espelhos em movimento).
>
> **6** Para que essa possibilidade não se verifique e o Princípio da Relatividade continue valendo, TUDO no veículo em movimento — inclusive a sua cabeça — tem de funcionar mais devagar, junto com o relógio de luz.
>
> **7** Nesse caso, *o tempo transcorre mais devagar num veículo em movimento*, observado por uma pessoa que esteja do lado de fora.
>
> **8** Embora os passageiros do veículo não percebam nada de estranho dentro dele, verão as coisas do lado de fora acontecerem mais devagar.
>
> Se tudo isso lhe parecer pura enrolação, espere até a página 66, onde você irá encontrar algumas provas de que o Universo funciona de fato desse jeito.

Mas as descobertas do Beto relativas ao tempo estão apenas começando.

BETO ESCAPA

Beto levou um tempão — uns dez anos — para descobrir o segredo do tempo e fazer os cálculos que lhe permitiriam mostrar com exatidão como o tempo muda em diferentes velocidades. Um dos motivos para ter levado tanto tempo foi que o problema era pra lá de complicado; outro foi que ele andou ocupado com outras coisas nesses dez anos.

Os professores de Aarau estavam com uma péssima impressão dele:

Colégio de Aarau, Suíça
Boletim de Albert Einstein, 16 anos

Física	Precisa estudar mais.
Química	Sofrível.
Italiano	Ruim.
Francês	Péssimo.
Canto	Melhor não perguntar!
Ed. Fís.	MELHOR NEM PENSAR!

Albert Einstein e seu Universo inflável

Mas não tem importância. O Beto se divertia bastante no colégio e, em todo caso, logo melhorou. Na verdade, era como se começasse tudo de novo: deixara de ser alemão, de ser religioso, de mudar de escola, e até vivia com uma nova família, os Winteler. Ele se deu tão bem com os Winteler que chegou a se apaixonar pela filha deles, Marie, que tinha dezoito anos (o Beto estava com dezesseis na época). Foi legal enquanto durou, só que não durou muito — não sabemos por quê, mas o fato é que o Beto terminou o namoro poucos meses depois de começá-lo.

Logo vieram os exames. E ele se saiu bem — bem o bastante para entrar na Póli. Também lá se divertiu um bocado; as únicas coisas que levava a sério eram algumas aulas de ciências.

Diário perdido do Beto
(E ÁLBUM DE RETRATOS)

Michele Besso (meu melhor amigo)

Marcel Grossman (meu amigo estudioso)

Friedrich Adler (meu amigo político)

Mileva Maric (minha namorada)

Atrasado de novo. (Hum... interessante... Se eu pudesse voltar no tempo, nunca mais me atrasaria...)

Beto escapa

Eu, pensando sobre a viagem no tempo

Marcel tomando um monte de notas, como sempre

Mileva e eu. Amor verdadeiro

Beto conversava muito sobre ciência com todos os amigos, mas com Friedrich Adler também conversava muito sobre política. Esse seu amigo era de esquerda, e o Beto concordava com ele — embora, na época, não levasse a coisa muito a sério. Mas com certeza não teria assassinado ninguém por motivos políticos — quer dizer, não sei, não! Mas, então, quem faria isso?

BOM, NA PÁGINA 96 EU ESTAVA PENSANDO EM APAGAR ALGUÉM...

Enquanto isso, o Beto começava a ficar desapontado com seus professores. Eram muitas as aulas de que não gostava, e *detestava* provas.

Na verdade, o Beto era cobra em física, só que preferia ser seu próprio professor. Lia tudo o que lhe caísse nas mãos sobre esse assunto. Gostava especialmente de eletromagnetismo, e James Clerk Maxwell era um dos seus ídolos. James havia reunido todos os fatos conhecidos sobre eletricidade e magnetismo, e inventado equações simplíssimas que incluíam todos eles. Reduzir uma boa e complicada parte do mundo a umas poucas equações fora o que Isaac Newton fizera com o movimento e a gravidade, e era exatamente isso que o Beto estava decidido a fazer com todo o Universo.

Problemas

Em 1900, o Beto fez — não sem muita contrariedade — seus exames finais e se saiu razoavelmente bem. Resolveu montar uma casa, arranjar um bom emprego, casar-se com Mileva e solucionar os mistérios do Universo. Mas...

Beto escapa

Albert Einstein e seu Universo inflável

> DEPARTAMENTO DE FÍSICO-QUÍMICA DA UNIVERSIDADE DE LEIPZIG: PREZADO SENHOR, LAMENTO INFORMAR QUE SEU PEDIDO DE UM CARGO DE FÍSICO MATEMÁTICO NÃO PÔDE SER ACEITO.

> PREZADO SENHOR, LAMENTO INFORMAR QUE..

> PREZADO SENHOR, LAMENTO...

> P.S.: PARA SUA COMODIDADE, ANEXAMOS UMA CARTA RECUSANDO O SEU PRÓXIMO PEDIDO DE EMPREGO.

Hermann até escreveu a um célebre químico chamado Wilhelm Ostwald, pedindo um emprego para o filho, mas não adiantou. O Beto acabou arranjando um bico de professor numa escola técnica — o único problema é que a matéria era geometria descritiva, que ele não quisera estudar na Póli. Depois desse, arranjou outro bico, dessa vez de professor particular. Tinha de morar e comer na casa da família que o contratara, e não gostava nem um pouco disso. Brigou tanto, que conseguiu ir morar num hotel e comer num restaurante, com todas as despesas pagas pelo patrão.

Beto escapa

Por sorte, seu amigo Marcel soube que havia uma vaga no Serviço de Patentes da Suíça, onde trabalhava. O Serviço ficava em Berna. O Beto mudou-se para lá e, enquanto esperava o anúncio oficial do emprego, resolveu botar um anúncio no jornal, já que a essa altura estava paupérrimo. O texto deve ter sido mais ou menos este...

AULAS GRÁTIS DE MATEMÁTICA OU FÍSICA

Por um período limitado, um gênio que em breve será famoso no mundo inteiro[1] oferece, EXCLUSIVAMENTE PARA OS LEITORES DESTE ANÚNCIO, uma aula particular GRÁTIS de matemática ou física. Pelas aulas seguintes será cobrado um preço módico.[2]

SE NÃO FICAR SATISFEITO, VOCÊ TERÁ O SEU DINHEIRO DE VOLTA[3]

RELÓGIO DE LUZ[4] GRÁTIS PARA O PRIMEIRO QUE CHEGAR

NÃO POSSUI AGENTES CREDENCIADOS

Para aproveitar essa OFERTA GRÁTIS EXCLUSIVA, contatar:

ALBERT EINSTEIN, Viela da Justiça, 32, Berna

Informe-se sobre os preços do nosso serviço de solução de mistérios.[5]

1 Podem crer.
2 Relativamente.
3 Só vale para a primeira aula.
4 Último modelo imaginário.
5 Somente mistérios do Universo.

Um estudante romeno chamado Maurice Solovine respondeu ao anúncio. Ele e o Beto se entenderam bem, e depois que as aulas terminaram, discutiam todo tipo de coisas. Não demorou a juntar-se a eles Conrad Habicht, que estudava matemática para ser professor, e os três tanto se entretinham discutindo ciência, filosofia e outras coisas, que decidiram criar uma sociedade especialmente para isso:

ACADEMIA OLÍMPIA

CONDIÇÕES DE ADESÃO

EXIGE-SE DE TODO SÓCIO:

1. SER UM GÊNIO.
2. CHAMAR-SE MAURICE, CONRAD OU BETO.
3. GOSTAR DE OUVIR O BETO TOCAR VIOLINO.
4. LER PELO MENOS UM LIVRO BEM GROSSO POR SEMANA.
5. GOSTAR DE FÍSICA, FILOSOFIA E LITERATURA.
6. GOSTAR DE BEBER.
7. FALAR ALTO NO BAR.

A sociedade mantinha o Beto ocupado quando ele não estava decifrando o Universo nem procurando emprego. Finalmente, o anúncio do emprego no Serviço de Patentes foi publicado e ele se candidatou — e foi contratado.

Beto escapa

Era um ótimo trabalho para o Beto: as pessoas bolavam invenções incríveis, ele examinava os fundamentos de cada invenção e via se faziam sentido. Estudar os princípios fundamentais era exatamente o que ele vinha fazendo até então com o Universo.

> ## Diário perdido do Beto
>
> Enfim consegui um bom emprego no Serviço de Patentes: só oito horas por dia, seis dias por semana. Além disso, dou aulas particulares — uma ou duas por dia —, vou às reuniões da Academia Olímpia e faço umas leituras para eles. Assim, tenho tempo de sobra para descobrir o significado do Universo (no momento, estou me dedicando a tempo, partículas luminosas, átomos e estatística). Portanto, o único problema é o que fazer com o meu tempo livre.

Mas nem tudo eram flores para o Beto. Mileva, que agora morava longe dele, na Hungria, com os pais, estava grávida, e a filha dos dois, Lieserl, nasceu lá em 1902, quando Beto estava em Berna. Ele guardou segredo sobre o nascimento, porque tinha medo do que sua família pudesse fazer — ou talvez porque pensasse que perderia o emprego no Serviço de Patentes se soubessem que tivera um filho sem ser casado. Naquele tempo, a ideia de uma criança nascida fora do casamento era tremendamente chocante para muita gente, de modo que os pais faziam qualquer coisa para que ninguém ficasse sabendo.

Hermann e Pauline — especialmente Pauline — jamais gostaram da Mileva (ninguém sabe direito por quê), e se recusaram a dar permissão para o casamento. Embora o consentimento dos pais não fosse uma exigência legal, o Beto não queria se casar sem ele. Hermann acabou concordando, mas somente em seu leito de morte. Só a Academia Olímpia foi ao casamento.

Beto escapa

Lieserl foi deixada com os pais de Mileva, e depois certamente alguém a adotou — ninguém sabe quem. O Beto nunca viu a filha e nunca voltou a falar nela, pelo que se sabe. Um ano depois do casamento, Beto e Mileva tiveram o primeiro filho, Hans Albert.

Apesar de tudo, o Beto continuou trabalhando nas suas fantásticas teorias até que, em 1905, sentiu-se pronto para torná-las públicas. Nos tempos do Beto — e hoje também, por sinal —, os escritos técnicos eram o principal meio de os cientistas divulgarem seus resultados. Naquele ano, além de uma bela tese de doutorado, o Beto publicou quatro desses escritos. Um deles era sobre a teoria em que trabalhara durante dez anos: a relatividade.

TEMPO ESPICHADO, ESPAÇO ENCOLHIDO

Beto havia descoberto que um relógio em movimento deve funcionar devagar, se o Princípio da Relatividade for válido. Essa conclusão viria a ser uma das peças mais importantes da sua Teoria da Relatividade Especial. Mas antes de ir mais longe, o Beto precisou de um pouco de matemática, para calcular *quão* devagar o relógio funcionaria em altíssimas velocidades.

NÃO SE APAVORE (MUITO)!

Você deve estar pensando que esse tipo de matemática é complicado como $\frac{x^2}{12\,546\,b^3} - \Upsilon^{-99} + \exp[y^3 - 42]$ e que só gênio consegue entender. Bem, embora não seja fácil de morrer, é muito mais simples do que, digamos, matemática do vestibular ou sapateado.

Lembra do Geraldo, passando a toda com o relógio de luz? Digamos que o relógio de luz tem 1 metro de comprimento. Digamos também que o Gera vai na metade da velocidade da luz (que, como sabemos, é de 300 milhões de metros por segundo; logo, ele passa a 150 milhões de metros por segundo).

Tempo espichado, espaço encolhido

Pois bem. O que vamos fazer? Vamos comparar o ritmo em que o relógio bate quando se move com o ritmo em que ele bate quando fica parado no mesmo lugar. Assim saberemos exatamente como a velocidade afeta o tempo.

Quando o relógio não está se movendo, a luz desce reta do espelho de cima ao espelho de baixo, na velocidade normal da luz. O relógio tem 1 metro de comprimento e a luz percorre 300 milhões de metros a cada segundo; logo, para percorrer 1 metro, ela vai levar apenas $\frac{1}{300\,000\,000}$ de segundo (ou seja, cerca de 0,0000000033 de um segundo, ou 3,3 nanossegundos). A trajetória da luz terá este aspecto:

A LUZ DESCE RETO 1 METRO, NA VELOCIDADE DA LUZ; LOGO, LEVA 3,3 NANOSSEGUNDOS.

Vamos tratar essa linha como se fosse o lado de um triângulo; assim, poderemos medir o comprimento do lado maior do triângulo para descobrir exatamente o que a velocidade faz com o tempo. A luz leva 3,3 nanossegundos para descer reto no relógio de luz; digamos então que nossa linha tem 3,3 cm de comprimento.

Quando o relógio (levado pelo Gera) passa por você na metade da velocidade da luz, a luz tanto acompanha o movimento como desce do espelho de cima para o de baixo. O Gera está andando na metade da velocidade da luz; logo, sua trajetória (a linha horizontal) tem de ser a metade da linha inclinada que a luz traça. Só existe um triângulo retângulo cujo lado inclinado é duas vezes maior que o horizontal:

TRAJETÓRIA DA LUZ NO RELÓGIO EM MOVIMENTO

TRAJETÓRIA DA LUZ NO RELÓGIO EM REPOUSO

TRAJETÓRIA DO GERA

O comprimento do lado inclinado nos dá o tempo que a luz leva para descer no relógio quando este passa por nós na metade da velocidade da luz. Se você medi-lo, verá que tem 3,8 cm de comprimento; logo, a luz tem de levar 3,8 nanossegundos para percorrê-lo.

Assim, quando está em repouso, o relógio leva 3,3 nanossegundos para dar cada batida e, quando passa por você na metade da velocidade da luz, leva 3,8 nanossegundos. Logo, se um foguete passa por você na metade da velocidade da luz, você verá passarem a bordo 3,3 nanossegundos (ou 3,3 minutos, ou 3,3 horas), mas o seu relógio medirá 3,8 nanossegundos (ou 3,8 minutos, ou 3,8 horas).

SE VOCÊ FOR UMA PESSOA NERVOSA, NEM OLHE PARA A PÁGINA SEGUINTE

Na página seguinte tem uma coisa que pode deixar você meio borocoxô. É capaz até que você dê um berro de terror. Sim, é uma equação. Sinto dizer que tem inclusive uma raiz quadrada. Se achar melhor não olhar, não se preocupe: ela se limita a pôr em números a ideia do tempo espichado que você acaba de enfrentar.

Tempo espichado, espaço encolhido

Beto não precisou desenhar um monte de diagramas aterrorizantes para explicar como o tempo se espicha. Montou apenas uma equaçãozinha linda de morrer (à qual chegou usando o Teorema de Pitágoras) para dar a resposta:

$$t = \frac{T}{\sqrt{1 - \frac{v^2}{c^2}}}$$

Ah! Na fórmula, t = tempo que passa para você, imóvel com seu relógio; T = tempo que passa no objeto em movimento; v = velocidade do objeto em movimento, e c = velocidade da luz.

Vamos trocar as letras por números, para entender melhor:

Você pode usar essa equação para responder a perguntas marotas como...

$$T = 3{,}3 \text{ nanossegundos}$$
$$v = 150\,000\,000 \text{ metros por segundo}$$
$$c = 300\,000\,000 \text{ metros por segundo}$$

Logo:
$$t = \frac{3{,}3}{\sqrt{1 - \frac{150\,000\,000^2}{300\,000\,000^2}}} = 3{,}8 \text{ nanossegundos}$$

> QUANTO TEMPO PASSA NUM FOGUETE QUE PASSA POR VOCÊ A 90% DA VELOCIDADE DA LUZ, ENQUANTO PASSA UM SEGUNDO NO SEU RELÓGIO?

> CERCA DE 0,436 SEGUNDO.

Para poder tirar mais proveito do seu relógio de luz, instale nele um contador e um mostrador; além de ele ficar mais parecido com um relógio comum, você não terá de contar até não sei quantos bilhões cada vez que precisar usá-lo. E se tiver tino comercial, pode fabricar relógios de luz e vendê-los em todo o Universo! Até o Beto entrar em cena, os cientistas achavam que o tempo tiquetaqueava no mesmo ritmo em todo o Universo; logo, os relógios de luz marcariam o mesmo tempo aonde quer que fossem e o que quer que acontecesse com eles (desde que ninguém pisasse neles). Mas como o Beto descobriu que o tempo passa num ritmo diferente dependendo da velocidade em que você se mova, então diferentes pessoas verão diferentes relógios marcarem tempos diferentes. Assim, você não poderia dizer: "São sete da matina na Terra e, ao mesmo tempo, são sete da matina em Alfa do Centauro". Na verdade, quase nunca é muito seguro usar a expressão "ao mesmo tempo" e equivalentes. Até poderíamos dizer:

SEGREDOS DO ESPAÇO E DO TEMPO
Número 2:
"AO MESMO TEMPO" E EXPRESSÕES EQUIVALENTES NÃO EXISTEM.

Espaço encolhido

Não foi somente o tempo que o Beto subverteu. O espaço também não escapou: ele deu um jeito de encolhê-lo. Para ver como, vamos falar novamente de trens.

Aliás, todo mundo que gosta da relatividade adora falar de trens, de modo que se um dia você estiver num trem e um cara perguntar: "Nova Iguaçu para neste trem?", não se assuste, ele não está doido, é apenas um cientista. A não ser que...

Bem, imagine que o Quico, a Quica, o Caco e a Cacá resolveram medir o comprimento do trem. Com o trem parado na estação, eles pegam suas réguas e descobrem que ele mede 12 metros. Mas qual é o comprimento do trem quando está se movendo a, digamos, 120 milhões de metros por segundo? Como poderiam medi-lo?

Por sorte (bota sorte nisso!), cada um dos quatro tem uma pistola de raio laser. (Não se preocupe: o raio não é mortal.) Eles também têm relógios superprecisos, com cronômetro e tudo, que acertaram com superprecisão enquanto lanchavam. Se cronometrassem o tempo que o raio laser da pistola levava para ir do começo ao fim do trem, podiam calcular o comprimento deste: bastava multiplicar esse tempo pela velocidade do raio (que é a velocidade da luz). Assim, a bordo, a Cacá, que está na parte dianteira do trem, dispara sua pistola de raio laser na Quica, que está na traseira:

A Cacá anota o tempo quando aperta o gatilho. A Quica, quando o laser a atinge. As duas montam então uma equação simplíssima (bota simples nisso!) para calcular a distância que a luz percorreu:

Comprimento do trem = velocidade da luz × diferença de tempo

A diferença seria 0,00000004 segundo. Fazem a multiplicação e descobrem que o trem tem exatamente 12 metros de comprimento (300 000 000 × 0,00000004 = 12). O mesmo comprimento que acharam com as réguas, quando o trem estava parado na estação. Até aqui, nenhuma surpresa.

Tempo espichado, espaço encolhido

    Portanto, 12 metros é o comprimento de acordo com a Cacá e a Quica. O que acontece com o Caco e o Quico, que, fora do trem em movimento, medem o seu comprimento do mesmo modo?

    O Caco anota quando a Cacá dispara o laser, e o Quico, quando o laser acerta a Quica. Fazem o mesmíssimo cálculo que elas e descobrem que o trem mede 11 metros de comprimento! Foi assim:

> QUANDO A CACÁ DISPARA O LASER, O CRONÔMETRO DO CACO MARCA 0,00000000.
>
> QUICO VÊ QUE, QUANDO O RAIO ACERTA A QUICA, ELA SE MOVEU DAQUI...
>
> ...ATÉ AQUI,
>
> E MARCA QUANDO O RAIO A ATINGE: 0,000000037 SEGUNDO.

Para o Caco e o Quico, enquanto o raio de luz atravessa o vagão para acertar a Quica, ela tem tempo de andar um pouquinho para a frente com o vagão, indo ao encontro do feixe de luz. Logo, para o Caco e o Quico o trem é mais curto do que para a Cacá e a Quica. Em outras palavras, se o trem está em movimento, ele é mais curto, para quem está fora dele, do que quando está parado. Ou...

> **SEGREDOS DO ESPAÇO E DO TEMPO**
> **Número 3:**
> **AS COISAS EM MOVIMENTO ENCOLHEM.**

Ao fazer os cálculos, o Beto descobriu que havia algo muito familiar na equação que descrevia quanto as coisas em movimento encolhem:

$$\text{COMPR. EM MOVIMENTO} = \text{COMPR. NORMAL} \sqrt{1 - \frac{v^2}{c^2}}$$

TUDO MUITO GENIAL... MAS É VERDADE MESMO?

É, sim. Por exemplo, existe uma partícula chamada méson mi. Os mésons mi são minúsculos — muito menores que os átomos — e têm uma vida breve mas empolgante que dura apenas uns poucos milionésimos de segundo. Ficamos sabendo disso observando-os em laboratório.

Os mésons mi são formados a mais de dez quilômetros acima da nossa cabeça, numa altitude em que uma radiação braba, vinda do espaço exterior, pinta e borda. A radiação produz os mésons mi baixando o sarrafo nos átomos que estão por ali cuidando da vida. A atmosfera para essa radiação, impedindo-a de se aproximar mais da Terra, o que é ótimo, porque se ela o acertasse, você ia ficar mais tostado que linguiça esquecida na churrasqueira.

Tempo espichado, espaço encolhido

Os mésons mi vêm a calhar para provar que o Beto estava certo. Há um detalhe estranho relativo a eles: um montão de mésons mi se arrebenta todo santo dia na superfície da Terra, mas não podem ter se formado perto daqui, por falta da tal radiação fatal.

O que há de estranho nisso? Vamos ver em que velocidade os mésons mi teriam de se mover para chegar à Terra antes de se espatifarem.

Eles têm de percorrer pelo menos 10 quilômetros e, para tanto, têm a vida inteira, o que, para alguns mésons mi (mais ou menos 1 em cada 6), não passa de 4 milionésimos de segundo. Em que velocidade teriam de ir para chegar à Terra? Para eles percorrerem 10 quilômetros (isto é, 10 000 metros) em 4 milionésimos de segundo (isto é, 0,000004 segundo), sua velocidade teria de ser de 10 000 ÷ 0,000004, ou seja, 2 500 000 000 metros por segundo.

> MAS ISSO É MAIS QUE OITO VEZES A VELOCIDADE DA LUZ! É...
>
> ... IMPOSSÍVEL, CLARO. CURIOSO, ESTE MUNDO, NÃO É? TALVEZ ELES VIVAM MAIS QUE 4 MILIONÉSIMOS DE SEGUNDO.
>
> MAS VOCÊ ACABOU DE DIZER QUE NÃO! VIVEM OU NÃO VIVEM, AFINAL?
>
> VIVEM, SIM, MUITO MAIS QUE ISSO.
>
> MI!
>
> MAS...
>
> E, É CLARO, VIVEM APENAS 4 MILIONÉSIMOS DE SEGUNDO.
>
> MI! MI!

Como sempre, na relatividade, tudo depende do ponto de vista. Se os mésons mi usassem relógio de pulso, seus relógios mostrariam terem transcorrido apenas uns 4 milionésimos de segundo quando eles chegassem ao fim. Mas, para as pessoas aqui da Terra, eles teriam durado uns 40 milionésimos de segundo!

A diferença de tempo se deve ao fato de que os mésons mi são uns superatletas: eles chegam perto da velocidade da luz. Isso mostra que o Beto estava certo e que o tempo anda devagar quando as coisas andam depressa.

DIVIRTA-SE!
AS INCRÍVEIS TEORIAS DE BETO EINSTEIN: A RELATIVIDADE ESPECIAL

Partindo das ideias de que não há como medir se você está de fato se movendo e de que a velocidade da luz é a mesma para todos, o supercérebro do Beto revelou quão estranho é o Universo:

1 Como não há maneira de comprovar que uma coisa está se movendo, a única coisa que você pode dizer é que uma coisa está em movimento *relativamente* a uma outra coisa.

> **2** Pelo seu relógio, o tempo passa mais devagar num veículo que passa por você. (Para quem está no veículo, o seu tempo é que passa mais devagar.)
>
> **3** Pela sua régua, um veículo que passa por você encolhe. (Para quem está no veículo, você é que encolhe.)
>
> **4** Nunca é seguro dizer que duas coisas em lugares diferentes acontecem ao mesmo tempo.

Depois de quase fundir a cuca com tanta ciência, vejamos como o Beto vai indo no Serviço de Patentes.

BETO E O DEUS DA CIÊNCIA

Quando o Beto publicou seus escritos, os cientistas não demoraram muito para se dar conta de que havia um gênio no pedaço, ainda que todos se espantassem com o fato de ele viver de um emprego burocrático no Serviço de Patentes. Achavam que, no mínimo, devia trabalhar numa universidade — aliás, muita gente que escreveu para ele endereçou suas cartas à universidade local.

É claro que uma teoria tão assombrosa como a da relatividade estava destinada a deixar alguns deles perplexos. Uns poucos fizeram críticas tolas, mostrando que não tinham entendido nem mesmo do que o Beto estava falando, enquanto outros simplesmente se recusaram a acreditar nele, porque sua teoria era tão arrojada que lhes dava nos nervos.

> VOCÊ NEM IMAGINA O QUE O EINSTEIN DISSE...
>
> NÃO QUERO NEM OUVIR! NANA NINA NÃO!

Uma pessoa ajudou muito o Beto: Max Planck. Ele vai aparecer de novo mais adiante, mas por enquanto o que im-

Beto e o Deus da ciência

porta saber é que era coeditor dos *Anais de Física*, uma revista para cientistas, e das melhores que havia. A função de Max era decidir se a revista publicaria os trabalhos teóricos enviados à redação, inclusive os brilhantes e desconcertantes escritos do Beto. Max, na verdade, era um físico bem tradicional, que preferia ver a ciência continuar seguindo o caminho que vinha trilhando e não gostava nada de esquisitices e modernidades. Mas, além de ser uma ótima pessoa, também era um crânio, de modo que não só aceitou com grande prazer o trabalho do Beto, como fez a maior propaganda da inteligência dele. O que surtiu muito mais efeito do que se fosse o próprio Beto a fazê-la.

Assim, o trabalho do Beto sobre como o tempo se espichava e o espaço encolhia foi publicado sem problema. O artigo apresentava algumas peculiaridades:

- não trazia uma lista de outros trabalhos em que se baseara (simplesmente porque não existiam), e
- incluía um agradecimento a Michele Besso, amigo do Beto no Serviço de Patentes, que discutira com ele suas ideias (do Beto), quando voltavam para casa depois do expediente (bem devagar, porque a Mileva não gostava do Michele).

Ah, tem mais uma:

- era totalmente inovador e mudava para sempre o entendimento do Universo.

Um montão de cientistas que leu o artigo do Beto não entendeu bulhufas, mas a maioria achou o máximo. Era tão elegante e explicava tudo tão bem, que sentiram que aquilo TINHA de ser verdade. Ainda bem que sentiram assim, porque tiveram de esperar mais de 25 anos por algumas evidências consistentes que amparassem aquelas teses.

Isso pode parecer estranho, mas é que as experiências não tinham muita importância para as teorias do Beto. Quase todo o trabalho que ele fez era tão avançado, que não havia, na época, a tecnologia necessária para realizar as medidas que o comprovassem. Para muitas das suas descobertas, nem mesmo a matemática era importante, salvo para entender as exatas consequências de uma teoria ou prová-la para outras pessoas. Aliás, na verdade o Beto não estava nem um pouco preocupado em saber se as pessoas iam lhe dar razão ou não no que dizia.

Mas, então, como é que o Beto podia saber se tinha razão no que dizia sobre o Universo? Sabia que estava certo porque acreditava em Deus.

> CLARO, CLARO. ELE ERA JUDEU, NÃO ERA?

Mais ou menos (adiante voltaremos ao assunto). É que não era ao Deus judaico que o Beto costumava se referir. Em todo caso, ele abandonou a religião aos onze anos.

Beto acreditava numa espécie de Deus científico-matemático. Na verdade, quanto mais ele discutia sobre o assunto, menos parecido com Deus ficava esse sei-lá-o-quê. Quando o Beto falava de Deus, pensava numa espécie de simplicidade do Universo. Por exemplo, o fato de que uma fórmula matemática simplíssima, como a célebre $E = mc^2$

(que vamos conhecer na página 167), descrevesse o Universo era surpreendente. Afinal de contas, por que não seria, digamos, $E = 0{,}98mc^{2{,}00279}$? Ou:

$$E = ??\, 23{,}4^c \beta\, \frac{\mathcal{R}??^4}{2{,}3231\, \Phi_9^{53625367}}\, \Delta 1{,}52\, \sqrt{\varepsilon\, \frac{2}{1}\, \subseteq 4{,}4}$$

Era nessa misteriosa *simplicidade* implícita que o Beto pensava quando falava de Deus. Em todo caso, essa simplicidade era o que ele buscava, e quando a descobriu, soube que estava certo, não obstante o que outras pessoas ou experiências pudessem dizer.

O ano de 1905 foi incrível para o Beto: ele destrinchou os átomos, a luz, o tempo e o espaço (como veremos em outros capítulos). Depois de ter feito tudo isso, deu um tempo — não por estar cansado ou coisa assim. Foi só porque havia esgotado as coisas a serem explicadas.

Doutor Einstein

Tendo revolucionado o mundo inteiro de umas dezesseis maneiras diferentes, o Beto provou que era mesmo um grande cientista. Já não estava na hora de virar doutor em ciência? Para tanto, teria de submeter um trabalho original à Universidade de Zurique. Propôs o seu trabalho sobre a relatividade, que o mundo todo comentava, mas ele foi rejeitado porque (como o Beto disse) era "meio insólito" (quer dizer, um pouco ousado demais). Felizmente, um nada ousado (e mesmo assim brilhante) trabalho sobre os átomos deu para o gasto e ele virou doutor. O Beto decidiu também arranjar um emprego como professor universitário. Para se garantir, anexou TODOS os seus incríveis escritos ao pedido de emprego. Somados, constituíam o mais importante conjunto de avanços científicos já realizado por alguém. Quer dizer que ele conseguiu o emprego? Bem...

> DESCULPE, MAS QUEREMOS ALGO NOVO.

No ano seguinte, tentou um cargo de professor de matemática, mas foi novamente recusado. Por fim, escreveu para a Universidade de Berna um artigo especial sobre os grãozinhos de luz, e lhe ofereceram um cargo de professor em período parcial.

UNIVERSIDADE DE BERNA
NOVO CURSO

DISCIPLINA: física cabeluda (pra caramba).

PROFESSOR: uma pessoa de quem você nunca ouviu falar, a não ser que você seja um físico de primeiro time, caso em que já sabe tudo de física cabeluda (pra caramba).

INÍCIO: sábado, às 7h da manhã. (NÃO É ERRO DE IMPRESSÃO.)

Grátis: saco de dormir para os seis alunos que chegarem primeiro.

Por algum motivo inexplicável, essas aulas não fizeram o menor sucesso. Na verdade, as únicas pessoas que compareceram foram a irmã do Beto, Maja, e três amigos dele: dois do Serviço de Patentes e um dos correios. Por fim, acabou aparecendo um aluno de verdade, logo depois que os outros desistiram. Imagine só um curso em que você fosse o único aluno e o professor fosse o Einstein! O que aconteceria?

Bem, o que aconteceu foi que o Beto cancelou o curso.

Nesse meio-tempo, muita gente estava se interessando pela Teoria da Relatividade e se divertindo à beça com ela, aplicando-a a várias coisas, verificando-a, acrescentando-lhe coisas. Tanto mexeram nela, que o Beto chegou a dizer...

> ... DESDE O DIA EM QUE OS MATEMÁTICOS SE APOSSARAM DA TEORIA DA RELATIVIDADE, NÃO CONSIGO MAIS ENTENDÊ-LA.

Um desses matemáticos era o Hermann Minkowski. Hermann havia sido professor do Beto e não tinha uma opinião muito boa sobre ele. Tanto assim que, quando soube que o Beto é que tinha inventado a Teoria da Relatividade, não acreditou e disse que ele não passava de "um vadio que nunca deu a mínima para a matemática". O Beto, por sua vez, tampouco tinha uma opinião muito boa sobre o que seu ex-professor fez com a relatividade.

Hermann deu um curso sobre relatividade em que falou das linhas de mundo, do postulado do mundo absoluto e da quarta dimensão. O Beto não se entusiasmava nem um pouco com esse tipo de conversa e disse que "a quarta dimensão" o deixava de cabelo ainda mais em pé. No entanto, passado um tempo, o Beto acabou se entusiasmando com essa estranha dimensão extra, que vamos explorar no próximo capítulo...

A QUARTA DIMENSÃO

O que Hermann Minkowski disse no seu curso foi que, na verdade, o espaço e o tempo eram partes da mesma coisa, uma coisa que hoje se chama espaço-tempo.

Por dentro da matéria

Enxergando outras dimensões

Beto e Hermann estão prestes a explorar a quarta dimensão, mas antes que eles façam isso, é bom a gente se informar sobre as outras três. São elas:

1 Para cima e para baixo.
2 Esquerda e direita.
3 Para trás e para a frente (ou perto e longe, ou dentro e fora).

Juntas, essas três dimensões fazem o espaço. Antes de ver o que significa viver em quatro dimensões, vejamos como é viver em menos dimensões...

Como seria o mundo sem a dimensão perto/longe? Você está olhando agora para um mundo como esse: esta página. Ele tem linhas que vão no sentido para cima/para baixo:

|

e esquerda/direita:

―

e nos dois ao mesmo tempo:

/

Mas nenhuma linha entra no papel ou sai dele.

Imagine um Beto Achatado vivendo num mundo bidimensional, como uma folha de papel.

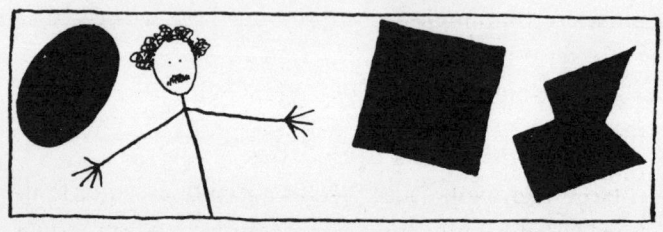

Ele pode olhar para a parte de cima e para a parte de baixo da folha, ou para a esquerda e para a direita, mas não para fora do mundo plano (logo, não pode ver você olhando para ele). Você pode ver a forma dos objetos que rodeiam o Beto Achatado — oval, quadrada e pontuda —, mas ele não: ele vê todos os objetos de lado; logo, todos têm, para ele, a aparência de linhas. Para ver o mundo mais ou menos como o Beto Achatado vê o dele, é só você fazer um corte, fino e horizontal,

A quarta dimensão

num papelão e manter o papelão alguns centímetros à sua frente. Pelo corte, você pode enxergar à esquerda e à direita, perto e longe, mas já não pode enxergar para cima e para baixo. Cuidado para não esbarrar naquela cadeira e levar um trambolhão...

Ainda que o Beto Achatado não possa ver os objetos em torno dele do jeito que você pode, ele pode olhar para eles de diferentes ângulos e tocá-los, até ter uma ideia razoável das suas diferentes formas. É o que acontece em nosso espaço também. Se você olhar de diferentes ângulos para uma lixeira com pedal, verá um retângulo com extremidades planas, ou uma forma com dois lados retos e duas extremidades curvas, ou um círculo, mas você sabe que, na verdade, trata-se de um cilindro, visto de diferentes ângulos.

Será que o Beto Achatado suporia a existência de uma terceira dimensão, embora nunca pudesse vê-la? Pode ser que sim:

Vamos imaginar que você pegasse um azulejo quadrado e enfiasse um canto dele através do mundo bidimensional.

O Beto Achatado veria o seguinte:

—

Se você enfiasse gradativamente o azulejo através do mundo do Beto Achatado, ele veria as linhas se alongarem e depois se encurtarem de novo. Assim:

A maioria das pessoas planas veria apenas uma linha aparecer misteriosamente, alongar-se, estreitar-se e desaparecer, mas, à medida que a linha mudasse de forma, o Beto Achatado, que é um crânio, entenderia que isso podia ser explicado pela passagem de um objeto da arrepiante terceira dimensão através do seu mundo plano. (Se você olhar através do corte que fez no papelão e pedir que alguém enfie neste uma forma quadrada, começando pelo canto, verá exatamente o que o Beto Achatado veria.)

Agora, imagine que existe uma quarta dimensão. Você não pode vê-la, como o Beto Achatado tampouco podia ver a terceira, mas se uma criatura quadridimensional enfiasse alguma coisa através da nossa dimensão, o que você veria? Veria um objeto sólido que pareceria surgir, crescer, diminuir e desaparecer de novo.

A quarta dimensão

Tudo isso parece muito misterioso, mas se víssemos todos os dias pedaços de objetos quadridimensionais, nos acostumaríamos com eles e entenderíamos como funcionam, mesmo se nunca pudéssemos ver os objetos inteiros. Na verdade, é o tipo de coisa que sempre fazemos. Todas as coisas que sempre vemos em nosso mundo são, no fundo dos nossos olhos, figuras bidimensionais. É que nos acostumamos a conceber formas tridimensionais com base nessas figuras bidimensionais (e a sentir a forma dos objetos). Por exemplo, quando você vê na televisão um filme em que um objeto vem a toda "na sua direção", na verdade o que está acontecendo é que a imagem do objeto está crescendo na tela bidimensional da tevê. Estamos tão acostumados a idealizar, com base em imagens bidimensionais, como são os objetos tridimensionais, que o difícil é não fazer isso. Olhe para esta figura:

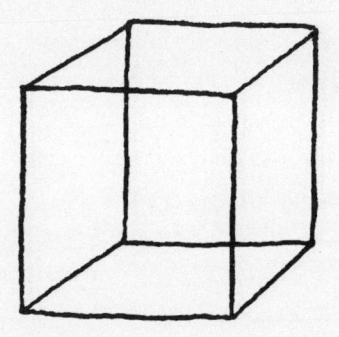

Você pode optar por enxergá-la como um cubo visto de cima ou como um cubo visto de baixo, mas é quase uma proeza conseguir vê-la como ela realmente é: uma forma plana, bidimensional. Está aí a prova de como é fácil imaginar como são as coisas numa dimensão maior!

Albert Einstein e seu Universo inflável

Hermann sugeriu que, de fato, havia uma quarta dimensão, mas que ela não tinha nada de estrambótico ou misterioso: era apenas o tempo. Juntos, as três dimensões e o tempo formam o espaço-tempo. Essa ideia torna muito mais simples a explicação do que acontece com os objetos que se movem em alta velocidade.

Imagine-se no estádio, num dia de sol, empunhando um dardo. Ele projeta uma sombra no chão, uma sombra bidimensional. Como você pode mudar o comprimento da sombra? É só segurar o dardo num ângulo diferente — moleza. Mas o comprimento real do dardo não muda.

Hermann percebeu que o motivo por que os objetos encolhem quando se movem depressa é parecido com o motivo por que a sombra muda de comprimento. Quando um objeto se move, fica mais curto no espaço, mas no espaço-tempo ele só muda de ângulo. É como o Beto Achatado com seus quadrados e suas ovais, ou nós com nossas lixeiras — as coisas parecem mudar de forma quando você olha para elas de diferentes ângulos.

Assim, se um dardo de 1 metro de comprimento é arremessado a 0,9c, a equação do Beto (página 66) nos diz que ele encolhe para 44 cm. A 0,99c, a equação do Beto dá o comprimento de 14 cm. Quanto mais rápido o dardo vai, mais curto ele fica — do nosso ponto de vista. Mas se você fosse o Baix AS_h Tral, um extraterrestre ligeiríssimo com centenas de pernas e com olhos pedunculados capazes de ver as coisas no espaço-tempo quadridimensional da mesma maneira como vemos as coisas em nosso espaço tridimensional, não veria um dardo ficando mais curto à medida que

A quarta dimensão

se movesse mais depressa: você perceberia que estava enxergando o dardo de um ângulo diferente. Provavelmente, ficaria todo besta por enxergar as coisas assim e se sentiria superior àqueles humanos bobocas com apenas duas ridículas pernas e um monte de ideias cretinas.

Se pudéssemos viajar em velocidades incrivelmente altas (ou, como diz o Baix AS_h Tral, só para esnobar, "arrastando os pés por aí"), provavelmente nos acostumaríamos a enxergar as coisas desse modo, e seria tão óbvio um dardo parecer ter 10 cm de comprimento quanto a lixeira ter a aparência de um círculo.

Por dentro da matéria

A dimensão do tempo

Se a ideia de o tempo ser uma dimensão lhe parece estranha, olhe a ilustração da página 80, que mostra como o azulejo quadrado parece ser para o Beto Achatado, ao passar por seu mundo bidimensional. À medida que você desce os olhos pela página, enxerga o azulejo tal como ele parece ser aos olhos do Beto, enquanto o tempo passa. Você está acompanhando o azulejo na dimensão do tempo, que está disposta verticalmente na página. Os diagramas e gráficos dos lucros de uma empresa também mostram o tempo como uma dimensão, embora costumem apresentá-lo na horizontal.

Hermann descobriu que as mudanças sofridas pelo tempo também podem ser explicadas como deslocamentos no espaço-tempo. O que Baix AS_h Tral pode ver tranquilamente, mesmo se ficar com três olhos fechados, mas que o Beto e o Hermann tiveram de descobrir para nós, humanos, é o seguinte:

SEGREDOS DO ESPAÇO E DO TEMPO

Número 4:

O ESPAÇO E O TEMPO ESTÃO LIGADOS UM AO OUTRO.

Aliás, lembre-se de que essa história de encolhimento depende do observador: se você se mover com o dardo, ele não vai encolher. Daí o nome "relatividade": o comprimento do objeto depende da velocidade deste em relação ao observador.

A INTERMINÁVEL GUERRA

Em 1909, o Beto ainda trabalhava no Serviço de Patentes. Embora, de certo ponto de vista, achasse divertido, preferiria muito mais estar trabalhando em período integral numa universidade, onde poderia ensinar aos alunos mais adiantados e ter tempo livre para cuidar do Universo. Por isso, quando ouviu falar de um cargo de professor assistente na Universidade de Zurique, tratou de candidatar-se. Infelizmente, não era bom professor. Ainda por cima, teve um bate-boca com a pessoa que tinha de decidir se o recomendava para o cargo, quando ela foi vê-lo dar aula. Felizmente, na vez seguinte, os dois se entenderam melhor, tanto que, por fim, ele conseguiu o emprego.

(A Universidade queria dar o cargo para um amigo do Beto, o Friedrich Adler, mas este declarou: "Se a Universidade pode contratar um homem como o Einstein, é um absurdo indicarem a mim!". Mais tarde, o Beto retribuiria a delicadeza salvando a vida do Fred.)

Albert Einstein e seu Universo inflável

Quando começou a lecionar em Zurique, o Beto não correspondeu exatamente às expectativas. Dava suas aulas baseando-se numas anotações incompreensíveis feitas num pedacinho de cartolina e estimulava os alunos a fazer perguntas, por mais cretinas que fossem. Naquele tempo, *não* era assim que se dava aula: os alunos contavam que ficariam sentados caladinhos, enquanto o professor leria o que preparara por escrito em imaculadas folhas de papel. Mas acabaram se acostumando com a técnica do Beto. O clima entre professor e alunos melhorou ainda mais quando ele começou a levá-los ao café, onde continuavam as aulas.

Beto adorava dar esse tipo de aula, mas nas aulas práticas era um desastre. Como ele revelou mais tarde: "Eu nem ousava mexer naqueles aparelhos, com medo de que explodissem".

Não ensinava relatividade, mas deu uma palestra a esse respeito numa sociedade científica. Após uma longa discussão sobre o tempo, percebeu que tinha esquecido o relógio e teve de perguntar as horas ao público, quando acabava de explicar àquela gente justamente o que era o tempo!

A interminável guerra

Logo depois disso, o Beto explicou por que o céu é azul! (Infelizmente, meu editor disse que este livro já está grande demais e que não dá para acrescentar outras páginas mostrando a explicação do Beto. Só dá para dizer que foi linda.)

Com essa explicação, muitos cientistas teriam encerrado gloriosamente a carreira, mas para o Beto ela se encaixava num projeto ambicioso, iniciado em 1905: ele queria provar a existência dos átomos. Para nós, que vivemos no século XXI, provar isso parece tão supérfluo quanto provar que a Terra gira. Mas, naquela época, um montão de cientistas não acreditava na existência dos átomos! Não é inacreditável? Muitos achavam que os átomos eram apenas uma espécie de unidade, como a hora ou o metro — uma ideia útil, mas não uma realidade física. Bem, como o Beto conseguiu provar que os átomos existiam? Só mesmo um gênio conseguiria: ele apresentou nada menos que sete métodos diferentes para calcular o tamanho dos átomos, baseando-se em coisas banais como a espessura do xarope, o comportamento da luz... e a cor azul do céu!

Como todos os métodos davam a mesma resposta para o tamanho de um átomo, tinha-se de acreditar que átomos existiam! O único detalhe desanimador eram os títulos dos escritos do Beto. Em vez de...

> OS SEGREDOS DO ÁTOMO AO ALCANCE DE TODOS!

ou mesmo...

> ÁTOMOS: SIM OU NÃO?

os títulos eram mais ou menos deste jeito:

> Sobre o movimento das partículas pequenas suspensas num líquido estacionário, de acordo com a teoria cinético-molecular do calor.

Mesmo assim, todo mundo adorou.

A turnê europeia do Beto

Poucos anos depois, o Beto passou de assistente a professor. Não foi só: ficou mais rico também. Em parte porque um admirador desconhecido lhe deu um belo magote de dinheiro, só por ele ser um cientista tão formidável (não é o tipo de coisa que volta e meia acontece, pelo contrário, mas deve ter contado o fato de o Beto ser muito boa gente, ao contrário de certos outros gênios que poderíamos mencionar).

A interminável guerra

Só tinha um probleminha: o tal cargo de professor titular era em Praga. A chegada do Beto não foi nada triunfal: ele andava tão mal-arrumado, que o porteiro da Universidade achou que era o eletricista que tinha vindo fazer um conserto. Daí em diante, as coisas foram de mal a pior...

> *Diário perdido do Beto*
>
> *Praga tem quatro coisas que odeio:*
> 1. *Não consigo beber a água daqui.*
> 2. *Os percevejos são enormes.*
> 3. *Não falo tcheco.*
> 4. *Os tchecos não gostam dos alemães. (Tento explicar que não sou alemão, mas ver número 3.)*

Beto tinha de participar de reuniões cansativas com os outros professores, que eram cheias de politicagem e de intrigas sórdidas. Isso lhe dava nos nervos, apesar de ele um dia ter dito...

> *Elas me poupam a ida ao teatro.*

Mas duas coisas boas lhe aconteceram em Praga. Ele e Mileva tiveram um filho, Eduard, e, em 1911, o Beto foi convidado para a primeira conferência de Solvay. Solvay era um sujeito podre de rico, que tinha suas teorias próprias sobre a gravidade — cá para nós, meio esquisitas. Os outros cientistas preferiam discutir entre si suas próprias teorias a ouvir as de Solvay, mas o ricaço não devia ligar muito para isso, tanto que manteve por anos a fio as tais conferências.

Nelas, gênio era o que não faltava: praticamente todos os nomes famosos de morrer do mundo científico acudiam ao convite de Solvay. Dessa vez, lá se encontravam Max Planck e Marie Curie, entre outros. Estavam todos animadíssimos com o que vinha acontecendo numa nova área da ciência, mais tarde chamada de teoria dos quanta, que você vai conhecer direito a partir da página 150. O Beto tinha ajudado a inventá-la alguns anos antes, mas ela pareceu tão estrambótica que não foi muito bem aceita. Só que essa esquisitice não era nada, comparada ao modo como a teoria se apresentava agora, em 1911, a tal ponto que o próprio Beto estava insatisfeito com ela. (Dá para esperar até a página 150?) Enfim, o Beto adorou se encontrar com tantos cientistas, e todos o adoraram.

No ano seguinte, o Beto encontrou-se com a prima Elsa. Não se viam desde Munique, quando ainda eram crianças, mas se deram muito bem. Bem demais. Tanto que a Elsa lhe escreveu cartas de amor, que mandava em segredo para a Universidade e certificando-se de que ele as queimava. Afinal de contas, o Beto estava casado com a Mileva, apesar de nenhum dos dois estar muito satisfeito com o casamento.

Beto nunca conseguiu gostar de Praga e, assim que apareceu outro emprego de professor, dessa vez na Póli, não deixou passar a oportunidade.

Beto não bebia, porque o álcool atrapalhava seu trabalho de solucionar os mistérios do Universo, mas fumava ca-

A interminável guerra

chimbo. E a Póli era inflexível com os fumantes. Quer dizer, mais ou menos...

Com isso o ibope do Beto subiu muito. Já a saúde...

Uma das pessoas a visitá-lo em Zurique foi Marie Curie, que trouxe consigo a filha Eve. Foram passear nas montanhas, levando junto os filhos do Beto, Hans e Eduard. Conversaram sem parar sobre ciência, e a certa altura o Beto, excitadíssimo, agarrou Marie e gritou-lhe: "Preciso saber o que acontece num elevador que cai no espaço".

Albert Einstein e seu Universo inflável

Como você percebeu, a Mileva não estava na montanha trocando ideias sobre elevadores. Foi por essa época que o Beto se deu conta de que o casamento deles não ia nada bem. Já não conversavam sobre ciência, como antes, e a impopularidade da Mileva na família do Beto não contribuía nada para amenizar o clima.

Você poderia pensar que o Beto estava se dando bem em Zurique: muita grana, lindas paisagens, ciência à beça, uma bela sala-fumódromo... Mas, agora que ele era famoso, todo mundo estava louco para levá-lo para a sua universidade, que ganharia prestígio. A Academia Prussiana de Berlim lhe fez uma proposta sedutora: dinheiro a rodo, a diretoria do Instituto de Física Teórica e uma cátedra na Universidade Friedrich-Wilhelm. Em contrapartida, o Beto teria de morar em Berlim e aparecer de vez em quando nas reuniões dos professores. Ele não tinha a menor vontade de voltar para a Alemanha, mas dois amigos seus, Max Planck e Walther Nernst, conseguiram persuadi-lo. Assim, em 1913, ele se mudou *de novo*, dessa vez para Berlim. Havia ficado em Zurique apenas dois anos.

Beto sentia-se feliz em Berlim, apesar de a cidade ser na Alemanha e de ele ter de se vestir direito e ir a reuniões em que cada um dissertava sobre seu assunto enquanto todos os outros roncavam. Mas Mileva odiava a cidade e, não demorou muito, voltou para Zurique, carregando consigo Hans e Eduard. Cinco anos depois, em 1919, ela e o Beto se divorciaram, e, não demorou muito, o Beto se

A interminável guerra

casou com a prima Elsa. Mileva levou tempo para superar o rompimento, mas eles acabaram voltando a ser razoavelmente bons amigos.

Beto chegou a Berlim em 1913. No ano seguinte:

TRIBUNA DO UNIVERSO
6 de novembro de 1914
GUERRA!

As más notícias
Nos últimos anos, muitos países organizaram suas forças militares e procuraram ampliar seus impérios. Em consequência do assassinato do arquiduque Ferdinando da Áustria e de sua esposa, em 28 de junho deste, por um anarquista sérvio em Sarajevo, o Império Austro-Húngaro declarou guerra à Sérvia. Sucedeu-se uma série de declarações de guerra, com Alemanha, Áustria-Hungria e Turquia de um lado, e Grã-Bretanha, França, Sérvia, África do Norte e Rússia do outro. Outros países certamente tomarão posição em breve, e a maior parte do mundo estará em guerra.

As boas notícias
No Natal, a guerra terá acabado.

Não acabou. A Primeira Guerra Mundial (então chamada de Grande Guerra) durou até novembro de 1918. Mais de 9 milhões de pessoas morreram. Uma invenção particularmente horrível dessa guerra foram as metralhadoras (os tanques ainda não haviam sido inventados, pelo menos não no início). Milhares de soldados corriam de peito aberto pelos campos de batalha para atacar os ninhos de metralhadora. A grande maioria deles era dizimada, mas uns poucos conseguiam escapar para matar os metralhadores. E depois tinham de enfrentar novas linhas de metralhadoras, à custa de mais vidas. Não é de espantar, portanto, que o Beto tenha ficado horrorizado. Ele sempre detestara todo tipo de conflito — até no esporte; logo, era frontalmente contrário à guerra.

No entanto, muitos dos seus amigos achavam que a guerra era uma ótima ideia. Assim que a Alemanha invadiu a Bélgica, alguns deles até assinaram uma declaração intitulada "Apelo ao Mundo Culto", que foi publicada nos jornais do mundo inteiro. Ela dizia que os soldados alemães não haviam matado um só belga durante a invasão — o que certamente era mentira. Trazia 93 assinaturas de sumidades alemãs, entre elas os amigos do Beto, Max e Walther, aqueles que o tinham convencido a voltar para a Alemanha.

O que o Beto podia fazer? Pela primeira vez na vida, tomou uma atitude política: colaborou para uma réplica ao "Apelo ao Mundo Culto"...

> # APELO AOS EUROPEUS
> Em resposta ao recente "Apelo ao Mundo Culto", os abaixo assinados gostariam de salientar que:
>
> a) ninguém nunca sai ganhando com as guerras;
> b) a Europa devia ser mais unida, e não menos.

Mas só quatro pessoas assinaram...

Beto fez muitas outras coisas para tentar parar a guerra, até difundiu clandestinamente escritos contra ela, na tentativa de organizar um livro antibelicista com artigos de cientistas de ambos os lados, e ajudou pessoas que enfrentavam problemas por se oporem à guerra. Mas ninguém lhe dava ouvidos.

Pode parecer estranho, mas o Beto não rompeu nem mesmo com seus colegas mais belicistas. Naqueles dias, porém, as relações dele com as pessoas eram em geral um tanto distantes — ele se preocupava menos com os indivíduos do que com a humanidade. Além disso, esforçava-se para ter uma visão objetiva das coisas e pensar como elas ficariam a longo prazo. Sabia que a guerra não iria durar para sempre e queria que a ciência fosse o menos afetada possível pelo conflito. Para isso, independentemente do lado em que os cientistas estivessem, eles tinham de continuar se comunicando.

Ainda assim, é difícil entender como ele se arranjou. Por exemplo, um dos seus amigos, Fritz Haber, inventou um monte de gases letais e supervisionou a produção de cloro que matou ou feriu 15 mil soldados num só ataque. Mas o

Beto continuou amigo dele. Outra coisa meio esquisita é que o próprio Beto contribuiu para o esforço de guerra. Não fez nada de muito terrível: só ajudou a desenvolver um tipo especial de bússola para ser usada em submarinos e tentou projetar asas mais eficientes para os aviões. Claro, aviões e submarinos não são utilizados apenas em guerras, mas o Beto devia saber que seu trabalho, se desse resultado, iria fortalecer a força aérea e a marinha alemãs, fortalecimento a que ele era radicalmente contrário.

Em 1916, um velho amigo seu, Friedrich Adler, apareceu de novo. Lembra-se dele? Era o estudante esquerdista da Póli que recusou o cargo de professor em Praga para que o Beto o assumisse. Embora o Beto soubesse que seu amigo sempre fora meio fanático em matéria de política, até ele deve ter se surpreendido quando ficou sabendo que o Fred tinha assassinado o líder austríaco, conde Karl Stürgkh, porque este havia fechado o Parlamento e tomado conta do país. Fred corria sério risco de ser executado, mas o Beto e outros amigos conseguiram convencer o tribunal de que, apesar de todos os pesares, ele era gente fina e que em vez de condená-lo à morte deviam apenas mandá-lo para a prisão.

Mas nem tudo era ciência e política para o Beto: ele entrou para uma Sociedade Literária de escritores, com quem tomava chá e fumava charuto uma vez por semana. Mas já estava ficando cheio de ter de explicar suas teorias o tempo todo...

A interminável guerra

> AH, PROFESSOR EINSTEIN, PODE ME EXPLICAR O QUE É "CONTRAVARIANTE"? E "TENSOR DE INÉRCIA"?
>
> CLARO QUE POSSO.

> PODE?
>
> POSSO. SÃO TERMOS TÉCNICOS.

Paz?

Beto empenhou muito tempo e muita energia no trabalho e na luta pela paz, mas quase não empenhou tempo nenhum para cuidar de si. No início de 1917, estava com problemas no estômago, no fígado e com uma bela úlcera.

Nunca confiou muito na ciência médica — dizia que a única maneira de saber se havia algo errado com alguém era esperar o sujeito morrer e, aí, abri-lo para descobrir qual era o seu problema. Ainda bem para o mundo, e para ele próprio, claro, que não foi preciso chegar a esse ponto; em vez disso, mandaram o Beto descansar oito semanas na costa do Báltico. Passou-as de papo para o ar na praia ("como um crocodilo", disse, mas, pelo que se sabe, não comeu a perna de ninguém).

> EU PRECISAVA ARRANJAR UM PASSARINHO PARA VIR LIMPAR MEUS DENTES.

Descobriu também que delícia era não ter de usar sapato e meia. Daí em diante, passou a evitá-los — especialmente as meias — sempre que possível, mesmo quando ficou famoso de morrer e teve de frequentar jantares chiques.

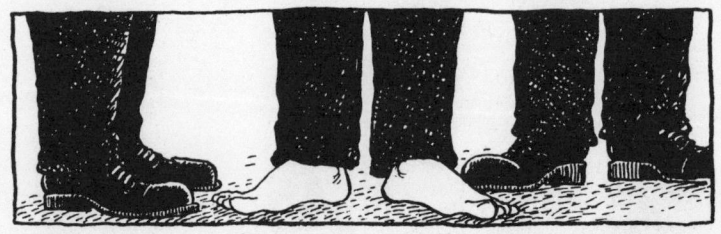

Beto não foi o único a ficar doente na época: Mileva e Eduard também ficaram. E precisavam de dinheiro. Ele lhes mandou algum e prometeu-lhes também todo o dinheiro que ganhasse com o Prêmio Nobel.

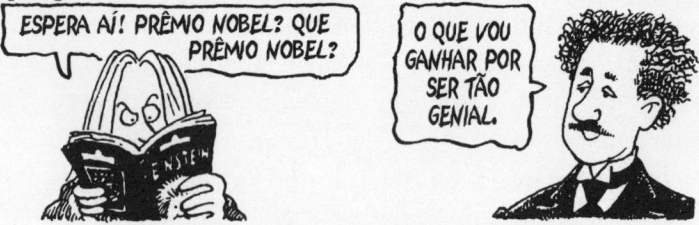

ESPERA AÍ! PRÊMIO NOBEL? QUE PRÊMIO NOBEL?

O QUE VOU GANHAR POR SER TÃO GENIAL.

E ganhou mesmo, quatro anos depois. E deu mesmo todo o dinheiro para a Mileva.

No outono de 1918, o Beto dava aulas regulares sobre a relatividade, quando, no dia 4 de novembro, anotou em seu bloco:

Aulas suspensas por causa da revolução.

E era uma revolução mesmo. Não como a francesa, em que todo mundo teve a cabeça cortada, mas ainda assim uma revolução. Todos estavam cheios da guerra, e quando perceberam que iam perdê-la, apesar de seus líderes continuarem a afirmar que se encontravam à beira da vitória, muitos se juntaram e organizaram uma greve gigantesca e manifestações de massa exigindo a paz. O Beto adorou esse movimento

A interminável guerra

— e as pessoas também adoravam o Beto, agora que faziam o que nos quatro anos anteriores ele vinha dizendo que devia ser feito. Ele era tão popular que até conseguiu convencer alguns estudantes revoltosos a soltar uns professores que haviam trancafiado.

Finalmente...

TRIBUNA DO UNIVERSO

11 de novembro de 1918

A GUERRA ACABOU!

Às 5h da manhã de hoje, a Alemanha finalmente se rendeu às Forças Aliadas.

TRIBUNA DO UNIVERSO

28 de junho de 1919

FIRMADO O TRATADO

Numa reunião histórica realizada hoje, na presença de trinta nações, foi assinado um tratado em Versalhes, França. O tratado afirma que:
- toda a culpa pela guerra é da Alemanha, de mais ninguém;
- todas as colônias alemãs e parte do território europeu da Alemanha passam a ser propriedade dos vencedores (e isso não é roubo, podem crer);
- a Alemanha tem de pagar indenização a todos.

Com as coisas arranjadas de maneira tão razoável, nunca mais haverá outra guerra.

Albert Einstein e seu Universo inflável

Assim, após quatro anos terríveis, a guerra afinal acabou. Apesar de tê-la achado tremendamente deprimente, como todo mundo, o Beto nem por isso havia parado de trabalhar. Ele tinha a capacidade de se desligar do que acontecia ao seu redor e só pensar na ciência. Adorava refugiar-se no sótão para pensar um pouco, porque lá podia ficar mais mal-arrumado e fazer uma bagunça maior que de costume (o que era praticamente impossível). De acordo com o testemunho de alguém que o visitou lá em cima, ele parecia...

> ... *um leão desgrenhado e atordoado que tinha acabado de levar um choque elétrico.*

Quando não tinha nenhum mistério específico do Universo para resolver, o Beto se divertia pensando por meio de complicadíssimas demonstrações matemáticas. Mas, na verdade, ele tinha, sim, um probleminha científico em que trabalhar naqueles dias. Um dos probleminhas científicos mais fantásticos que alguém já havia abordado.

O ESPAÇO CURVO

Você deve estar se perguntando por que a teoria do Beto é chamada Teoria da Relatividade ESPECIAL. Não é por ela ser fora de série de tão linda (ainda que ela o seja), mas porque só vale na situação especial em que você está se movendo uniformemente em linha reta, situação a que o Princípio da Relatividade se aplica. O que o Beto queria depois disso era uma coisa que funcionasse para qualquer tipo de movimento — sacolejante, acelerado, desacelerado, em círculo até deixar você enjoado... —, ou seja, uma teoria GERAL da relatividade.

Na Relatividade Especial, o Beto mostrou que não há jeito de dizer se você está se movendo uniformemente ou não, o que o levou a incríveis descobertas sobre a luz, o tempo e o espaço. Agora ele queria ampliar a teoria, de modo que ela pudesse valer para *todos* os movimentos, não apenas os uniformes. Isso significaria que sempre que alguém dissesse...

ESTOU EM MOVIMENTO!

... um cientista chato poderia se meter dizendo...

Albert Einstein e seu Universo inflável

NÃO NECESSARIAMENTE.

É uma ideia ousada. Parece até impossível, na verdade. Você pode afirmar com a mais absoluta certeza que seu trem parou numa estação ou que sua bicicleta foi de 0 a 60 km em 5 segundos. Mas para o Beto mostrar que todo movimento é relativo, ele teria de poder demonstrar que você pode estar redondamente enganado. E só poderia fazer isso se tivesse uma cabeça fora do comum.

E ele tinha.

① TREM MOVENDO-SE UNIFORMEMENTE (OU PARADO)

② TREM DANDO UMA FREADA

HUM... NÃO HAVERÁ UM JEITO DE OBTER ESSE EFEITO SEM PUXAR O FREIO?

Um belo dia, o Beto estava calmamente sentado na sua sala quando a resposta bateu na porta e entrou. Ele disse que foi o pensamento mais feliz da sua vida. Ei-lo:

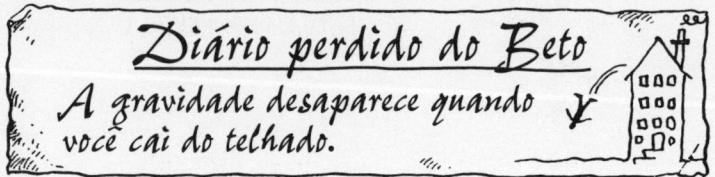

Diário perdido do Beto
A gravidade desaparece quando você cai do telhado.

O espaço curvo

Em outras palavras, se você está caindo, não pode sentir a atração da gravidade. De fato, para simular as condições de ausência de peso encontradas nas viagens espaciais, a NASA usa aviões especiais para treinar seus astronautas. O avião voa bem alto, depois mergulha em direção à Terra. Enquanto o avião cai, os astronautas não sentem a gravidade. Que coisa mais estranha, não? Se alguém puxa você, normalmente você sente o puxão, porque seu corpo oferece uma resistência natural (chamada inércia) a ser puxado mundo afora. Se você não sente o puxão da gravidade quando está caindo, é porque esse puxão tem a força exata para cancelar a sua inércia. As experiências mostraram que isso era verdade: as duas forças tinham *exatamente* a mesma intensidade. Só que, antes do Beto, ninguém sabia por que era assim.

Portanto, o Beto considerou que o que quer que a gravidade pudesse fazer, a aceleração também poderia — e vice-versa. É outra daquelas ideias do gênero "as leis da física são as mesmas, esteja você em movimento ou não", que parecem tão óbvias que você nem sabe direito o que fazer com elas. Mas o Beto sabia.

> **NÃO SE APAVORE!**
>
> **A Relatividade Geral requer um pouquinho de nada de matemática supersimples. Relativamente supersimples. Bem, na verdade, bastante matemática bastante complicada. Tudo bem, tudo bem, um montão de matemática de arrepiar os cabelos, causar pesadelo, deixar você suando gelado de tão complicada. Mas tem uma boa notícia: dá para entender grande parte da Relatividade Geral sem nenhuma matemática; logo, não vai ter nenhuma equação cabeluda a seguir. Só um $(x - y)^5$, e pronto. E como algumas das ideias são meio enroladas, tem um resumo só para você na página 117.**

Voltemos ao trem e ao Princípio da Relatividade. O que o Beto tinha de fazer era mostrar que o Princípio funciona não importa o que o trem faça. Em outras palavras, tinha de mostrar que não havia como um passageiro garantir que o trem estava de fato se movendo — mesmo que o trem sacolejasse, virasse, acelerasse, freasse, balançasse, trombasse.

Bem, o que ocorre com esses tipos de movimento é que você pode *sentir* o que está acontecendo. Aquelas sensações de acelerar, frear, desejar não ter comido todos aqueles sanduíches dizem que você está se movendo. (De agora em

O espaço curvo

diante, vamos classificar todos esses tipos de movimento no item "aceleração".) Para o Princípio da Relatividade funcionar na aceleração, o Beto tinha de mostrar que uma outra coisa podia causar essas sensações. E agora ele já sabia o que era, graças ao tal pensamento mais feliz da sua vida. Essa outra coisa era a gravidade.

Como o Beto podia enfrentar a gravidade e a aceleração? Se a gravidade podia fazer tudo o que a aceleração podia fazer, então um relógio de luz tinha de se comportar do mesmo modo tanto num local qualquer na superfície da Terra como num que subisse acelerando muito. E o que a luz faz num local em aceleração? Ela faz uma curva, como outra experiência em pensamento mostra:

Imagine um casal de superatletas, Quincas e Aninha, acostumados a correr quase na velocidade da luz. Aninha tem um laser poderoso, montado num tripé, de tão pesado. Quincas tem três gelatinas tamanho-família tremelicando no prato.

Aninha dispara o laser na primeira gelatina, que Quincas está segurando. O raio laser, que parece mover-se devagar para um casal tão rápido, vai em direção à gelatina e abre um furo de fora a fora, bem no meio dela.

Quincas pega outra gelatina (essa de limão) e Aninha dispara o laser de novo. Enquanto o raio atravessa o doce, Quincas levanta a gelatina, fazendo que a borda da área derretida tenha a forma de uma reta inclinada:

Essa reta registra direitinho o efeito do raio laser sobre a gelatina de limão em movimento. Em seguida, o casalzinho tenta uma coisa mais complicada. Enquanto Aninha dispara o laser pela terceira vez, Quincas levanta a última gelatina (de limão, com cobertura de amora), só que dessa vez começa movendo-a devagarinho e vai aumentando gradativamente a velocidade — isto é, *acelera* o movimento. Agora, a borda do pedaço derretido é uma curva:

O espaço curvo

O supercasal nota duas coisas:

- a trajetória do raio laser (ou de qualquer outro raio de luz) numa gelatina (ou num espaço qualquer) que acelera é curva;
- um cheirinho de fruta derretida.

Foi assim que o Beto deduziu que a aceleração faz a luz se curvar. Mas se a aceleração e a gravidade têm os mesmos efeitos, *a gravidade* também tem de curvar a luz, do mesmo modo como curva um jato d'água:

Recentemente, o telescópio espacial Hubble descobriu os mais variados e esquisitos modelos de difusão da luz causados pela sua curvatura quando passa perto de objetos pesados. Alguns foram até chamados de Cruzes de Einstein.

O primeiro se apresenta como cinco estrelas em forma de cruz, quando na verdade se trata de UMA SÓ estrela, cuja luz é curvada por uma galáxia.

> COMO É QUE SE FAZ UMA CRUZ DE EINSTEIN?

> ASSIM, ME FAZENDO PERGUNTAS CRETINAS.

A ideia de que a luz pode se curvar não parece, de início, tão estapafúrdia. Mas, tal como no caso da Relatividade Especial, uma ideia aparentemente simples levava às coisas mais inacreditáveis quando o Beto tirava suas conclusões lógicas.

Segurando o tempo

Imagine que uma enorme bola peluda passa rolando a toda por você, em linha reta. Você tenta agarrá-la, segura firme alguns pelos, mas como não tem força para detê-la, ela se solta e segue em frente. O que acontece com sua direção? Desvia-se um pouquinho, tal como a luz quando passa pelo Sol.

Mas não é só: você também reduz a velocidade da bola. A gravidade faz a mesma coisa com a luz: ela a faz curvar-se *e* reduz sua velocidade. Mas, se a luz reduz sua velocidade, os relógios de luz também reduzem a deles, e o Beto já sabia o que isso significava (graças à Relatividade Especial):

O espaço curvo

SEGREDOS DO ESPAÇO E DO TEMPO
Número 5:
A GRAVIDADE RETARDA O TEMPO.

Como todos os efeitos da relatividade, esse é pequeno demais para nós. A gravidade na superfície da Terra só atrasa os relógios cerca de um segundo por século, mas esse efeito mínimo foi medido: relógios postos para dar a volta ao mundo em aviões a jato andaram uma coisinha de nada mais depressa, porque os aviões voavam muito alto, onde a gravidade é mais fraca.

A gravidade do Sol é muito maior que a da Terra, mas ainda é fraquinha. Tudo bem, é verdade que você pesaria uma tonelada e meia se fosse dar uma voltinha na superfície do astro rei. (Só que você não poderia fazer isso, porque: (a) faz 5500°C lá, e (b) ele não tem superfície.*)

Mas isso não explica quase nada sobre como a gravidade funciona. O Sol perturba muito pouco a trajetória dos raios de luz que passam por ele e só retarda um pouquinho o tempo — cerca de um minuto por ano.

Há coisas menos fracas no espaço, porém, coisas de que o Beto nunca ouvira falar: os buracos negros. Na verdade, são de arrepiar. Não só curvam a luz, como a puxam completamente para dentro deles, de tal forma que ela não pode escapar nunca

---

* A superfície do Sol é gasosa.

mais. E não apenas fazem o tempo passar mais devagar: param o tempo! É como se você tivesse força suficiente para agarrar a tal bola peluda que passava a toda por você.

Se você visse alguém se aproximar de um buraco negro numa nave espacial, veria a velocidade da nave diminuir cada vez mais. Se tivesse um telescópio suficientemente possante, veria as pessoas dentro da nave também terem sua velocidade progressivamente reduzida e seus relógios andarem cada vez mais devagar. Se os tripulantes ficassem um tempinho xeretando o buraco negro antes de voltar para a Terra, você veria que havia passado menos tempo para eles do que para você.

Já pensou como seria esquisito? Se seus pais fossem passar as férias de 2010 espiando um buraco negro, envelheceriam menos que você; logo, quando voltassem para casa, seriam mais moços que você! Para você, as férias deles teriam durado vinte anos, mas, para eles, teriam durado apenas uma semana — só que, quando voltassem, veriam que já era o ano de 2030.

Portanto, o Beto descobriu um jeito de viajar no tempo: você precisa apenas pegar uma baita quantidade de coisas (qualquer coisa serve) e prensá-las juntas muito bem prensadas, de modo a criar um campo gravitacional suficientemente forte. Vai precisar também, é claro, de um veículo para poder entrar nesse campo e sair dele. Mas você vai ter um probleminha, só um, se usar esse troço prensado como máquina do tempo: embora vá poder viajar para o futuro,

O espaço curvo

não vai poder regressar ao seu tempo, porque não é possível viajar para o passado. (Só existe um jeito de fazer isso, como veremos mais adiante.)

Essa foi só uma das descobertas incríveis do Beto:

O segredo do giro

Imagine a roda de uma bicicleta girando sem parar no espaço, na metade da velocidade da luz. Como o pneu está se movendo tão rápido, vai diminuir (Segredo número 3: as coisas em movimento encolhem). E um pneu menor significa uma roda menor. Mas e os raios da roda? Também estão se movendo, só que de lado apenas; logo, não encurtam, somente ficam mais finos. Mas se ficam com o mesmo comprimento, a roda tem de ficar do mesmo tamanho. Como uma roda pode ficar menor ficando do mesmo tamanho? Haverá alguma coisa errada na Relatividade Especial?

Certo, não é a Relatividade Especial que pode explicar isso. Mas a Relatividade Geral *deveria* tratar do movimento não uniforme, não deveria? Então é ela que pode explicar isso?

> É, PORQUE A ACELERAÇÃO E A GRAVIDADE AFETAM TANTO O ESPAÇO COMO O TEMPO. HÁ UM MEIO DE ENCURTAR O PNEU DA RODA SEM ENCURTAR OS RAIOS: SE O ESPAÇO FOR CURVADO DE TAL MODO QUE SE FORME UMA PARTE EXTRA DENTRO DA RODA, OS RAIOS TERÃO MAIS LUGAR!

Beto tinha certeza de que todos os efeitos da gravidade podiam ser explicados pelo espaço dobrado, curvado, torcido ou deformado de alguma outra maneira. Na verdade, ele logo percebeu que não era preciso falar que a matéria causava a gravidade e que a gravidade curvava o espaço. Bastava dizer:

SEGREDOS DO ESPAÇO E DO TEMPO
Número 6:
A MATÉRIA CURVA O ESPAÇO.

Beto descobriu, portanto, que a matéria faz o tempo passar mais devagar e curva o espaço: em outras palavras, ela curva (ou torce, ou dobra, ou empena) o espaço-tempo.

A ideia do espaço-tempo curvo foi uma mão na roda! Abandonados a si mesmos, os raios de luz ou os objetos em movimento vão em linha reta. Mas se há coisas como planetas e estrelas no caminho, as massas deles e delas curvam o espaço-tempo. Logo, as coisas *não podem* mais ir reto: têm de acompanhar as curvas do espaço-tempo, assim como um trem tem de acompanhar as curvas dos trilhos.

É como se você cavasse círculos ao seu redor na areia da praia: as bolas que ali rolassem tenderiam a fazer curvas em torno de você, não porque você as pegava, mas por causa dos

O espaço curvo

sulcos que você tinha feito na areia. Agora, imagine que uma sua prima bagunceira, a Desmazélia, resolve se instalar na sua casa e cobre o chão da sala de malas, pilhas de roupa e onças empalhadas, antes de desabar no sofá e cair num sono profundo. Com essas tralhas todas espalhadas, você não consegue passar pela sala sem dar muitas voltas (xingando em silêncio sua prima) para contornar os obstáculos. Mas não é a Desmazélia que está desviando você do seu curso: o que atrapalha você é a bagunça que ela fez na sala.

Assim, o Beto descobriu outro segredo do Universo:

> **SEGREDOS DO ESPAÇO E DO TEMPO**
> **Número 7:**
> **A LUZ E A MATÉRIA ACOMPANHAM A FORMA DO ESPAÇO-TEMPO.**

Problemas com a matemática

Beto estava apenas a meio caminho de uma teoria acabada. Ele compreendeu que a matéria alterava o tempo e o espaço, mas agora precisava descobrir como fazer os cálculos que lhe revelariam quanto ela alterava. Só que não conseguia.

O problema é que, se a matéria curva o espaço, também curvará qualquer instrumento que você puser no espaço para medir quanto ele, espaço, foi curvado. Diagramas como o da página 59 são úteis para mostrar o que acontece com as coisas na Relatividade Especial, mas no caso da Relatividade Geral são totalmente imprestáveis. E descrever as

Albert Einstein e seu Universo inflável

leis da física sem usar a geometria é, como dizia o Beto, "igual a descrever nossos pensamentos sem palavras".

Beto teve então de pedir socorro a seus amigos. Um dia, entrou todo descabelado na casa do amigo Marcel Grossman dizendo: "Ou você me ajuda, ou eu enlouqueço!". Como o Beto achava impossível chegar a um resultado empregando a geometria comum, o Marcel sugeriu que ele fizesse uso de outra ferramenta: Bernhard Riemann havia bolado uma geometria cabeluda de morrer anos antes, quando quebrava a cabeça com o fascinante problema de saber como uma placa de metal se curva toda ao ser aquecida, e o Marcel achou que ela podia ter alguma utilidade nos cálculos cabeludos de morrer do Beto. E teve mesmo.

NÃO SE APAVORE!
Menti na página 104! Vêm aí duas equações, mas são apenas para enfeitar a página.

Beto levou vários anos e precisou de muita ajuda do Marcel até chegar à formulação matemática que desejava. E era mesmo uma matemática cabeluda de morrer. Quer um exemplo? De acordo com o Isaac Newton um objeto simplíssimo, como uma minúscula massa esférica, tinha uma atração gravitacional assim:

$$-\frac{GM}{R^2}$$

É ISSO AÍ!

O espaço curvo

Mas de acordo com o Beto, em vez de atração gravitacional, o certo seria falar de espaço-tempo curvo, o que acaba levando a equações como esta:

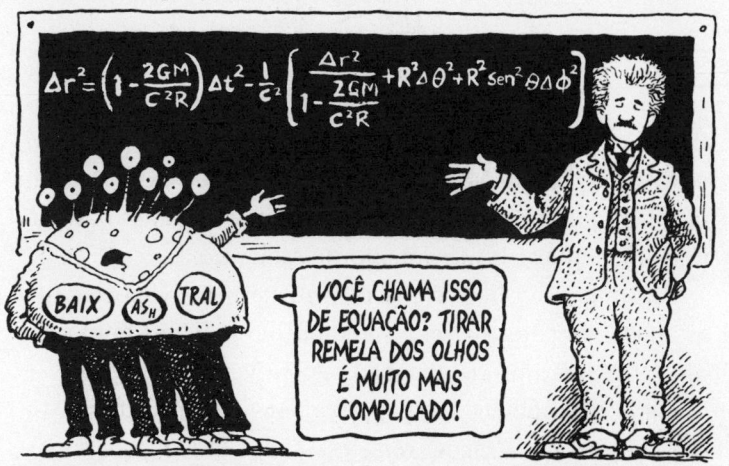

$$\Delta r^2 = \left(1 - \frac{2GM}{c^2 R}\right)\Delta t^2 - \frac{1}{c^2}\left[\frac{\Delta r^2}{1 - \frac{2GM}{c^2 R}} + R^2 \Delta\theta^2 + R^2 \text{sen}^2\theta \Delta\phi^2\right]$$

VOCÊ CHAMA ISSO DE EQUAÇÃO? TIRAR REMELA DOS OLHOS É MUITO MAIS COMPLICADO!

Mas agora o Beto tinha outro abacaxi para descascar: quando você não consegue solucionar um problema com a geometria normal, sobram respostas diferentes para ele. Por exemplo, a área de um círculo é dada pela fórmula πr^2. Assim, uma roda de bicicleta com raios de 50 cm de comprimento tem uma área de aproximadamente $3{,}1416 \times 50 \times 50$, o que dá mais ou menos 8000 cm². Mas na geometria que o Beto tinha de usar, a área podia ter todo tipo de valor: há uma infinidade de maneiras de curvar e espichar o espaço para fazer os raios não encurtados caberem dentro de um pneu encurtado, assim como há um sem-número de maneiras de grudar um chiclete debaixo da sua carteira.

Como é que o Beto podia então escolher a maneira certa de descrever como o espaço-tempo de fato se curva?

Bem, o velho Newton ajudou muito no começo. Suas leis funcionavam magnificamente em quase todas as situações. Logo, as equações do Beto tinham de dar mais ou menos as mesmas respostas que as do Isaac, porque, para o mundo a que estamos acostumados, o Isaac estava pra lá de quase certo!

É que as equações do Isaac só falharam num caso: o movimento do planeta Mercúrio. O Beto tinha de explicar tudo tão bem quanto o Isaac — e seria melhor ainda se também pudesse explicar o movimento de Mercúrio.

Pelo menos o Beto sabia como checar as respostas que as suas equações do espaço-tempo davam, mas como podia saber que tipo de equação experimentar primeiro?

Foi aí que apareceu a ideia de "Deus". O Beto disse com seus botões que "Deus" teria escolhido as equações mais simples, então tentou as mais simples — e elas funcionaram! As respostas que obteve batiam com as previsões do Isaac *e* também explicavam o movimento de Mercúrio. Tem um senão: as equações que o Beto teve de escolher pertenciam todas ao mundo do pesadelo matemático, e até a mais simples delas deixaria a maioria das pessoas com um humor de cão. Mas não tem importância. Naqueles dias o Beto estava todo feliz. Era seu maior triunfo, provavelmente o MAIOR triunfo de qualquer cientista de qualquer época. Ele havia formulado as equações que descrevem o movimento, a gravidade, o tempo, o espaço e a energia em termos do espaço-tempo curvo. Não demoraria a descobrir que elas podiam explicar o próprio Universo.

Com a Relatividade Geral, o Beto também podia explicar o estranho fato de que, de acordo com a lei do Isaac, a gravidade não demora nada para percorrer o espaço — o que equivale a dizer que ela o percorre numa velocidade infinitamen-

O espaço curvo

te rápida. Mas o Beto sempre disse que nada podia andar mais depressa que a luz! O que a Relatividade Geral lhe mostrou é que a gravidade viaja na velocidade da luz — em ondas.

Embora a maioria dos cientistas acredite hoje em dia nas ondas gravitacionais e tenham sido construídos imensos detectores para detectá-las, até agora ninguém detectou nenhuma. Em 1987, uma baita estrela da galáxia aqui ao lado fez BUUUMMMMMM!!!!!!

Teria sido um acontecimento sob medida para os detectores de ondas gravitacionais medirem, mas, veja só, os três que havia no mundo estavam desligados!

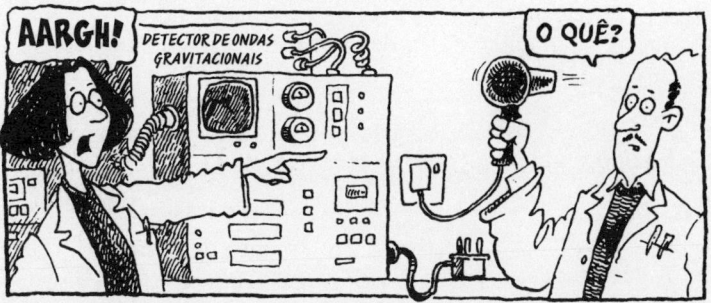

A Relatividade Geral é um tema vasto e complexo, e ainda se está trabalhando nela. Mas toda ela se baseia nas regras que o Beto estabeleceu.

AS INCRÍVEIS TEORIAS DE BETO EINSTEIN: A RELATIVIDADE GERAL

DIVIRTA-SE!

1 A Relatividade Especial só pôde mostrar que não dá para saber se você está se movendo uniformemente. O Beto queria mostrar que você não pode nem mesmo ter certeza de que está acelerando. Além disso, a lei da gravidade não batia direito com a Relatividade Especial.

Albert Einstein e seu Universo inflável

2 Beto solucionou os dois problemas quando percebeu que a atração gravitacional funciona como uma aceleração. Determinou, portanto, que o que a gravidade podia fazer, a aceleração também podia (e vice-versa).

3 A aceleração faz a luz se curvar. Logo, a gravidade também tem de fazer a luz se curvar.

4 Se a gravidade faz a luz se curvar, também tem de reduzir sua velocidade.

5 Logo, a gravidade tem de fazer os relógios de luz andarem mais devagar.

6 Logo, a gravidade tem de fazer o tempo passar mais devagar.

7 A Relatividade Especial supõe que o pneu de uma roda de bicicleta girando encolhe mas seus raios conservam o mesmo comprimento. Isso só é possível se o espaço se curvar para acomodar os raios. Logo, o movimento giratório (que é um tipo de aceleração, para a relatividade) curva o espaço.

8 O que a aceleração faz, a gravidade também faz. Portanto, a gravidade também deve curvar o espaço.

9 Na verdade, a gravidade é apenas a distorção (ou a curvatura, ou a torção, ou o arqueamento) que a matéria provoca no espaço e no tempo.

ESPAÇO É FLAGRADO EMPENANDO

Beto estava todo prosa com a Relatividade Geral e certo das suas conclusões, mas é sempre bom ver as coisas provadas, nem que seja só para dizer...

EU NÃO DISSE?

Beto tinha mostrado que, quando a luz passa perto do Sol, deve se curvar. Isso significa que, à medida que o Sol se move no céu, ele curva a luz das estrelas das quais parece passar perto (claro que não passa nem um pouco perto delas: a luz delas é que passa perto do Sol em seu caminho até nossos olhos). Logo, é só você olhar para as estrelas mais próximas do Sol para ver se elas parecem estar num lugar diferente daquele em que estavam quando o Sol não estava onde agora está. Sacou? O problema é que não tem muita estrela zanzando no céu durante o dia.

Nesse caso, por que não olhar para as estrelas próximas do Sol durante um eclipse?

Albert Einstein e seu Universo inflável

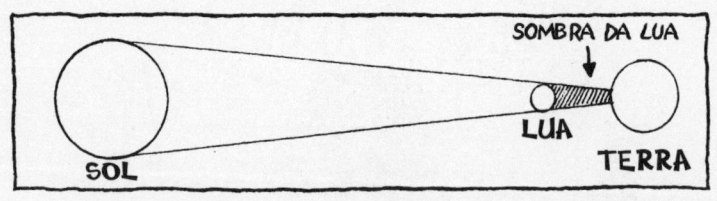

Foi o que o Beto quis fazer durante o eclipse de 1914, mas a Primeira Guerra atrapalhou seus planos. Por sorte, logo aconteceria outro — em 1919 — e, o que era melhor, esse eclipse se daria bem em frente de uma massa de pequenas estrelas chamadas Híades. Era sopa caindo no mel! Em 1917, os colegas cientistas do Beto resolveram aproveitar a oportunidade para descobrir o que as estrelas próximas do Sol aprontam quando não estamos de olho nelas, só que: (a) o eclipse só seria visível nas regiões tropicais do mundo, e (b) a Primeira Guerra ainda não tinha acabado.

Planejaram duas expedições. Uma era chefiada por Arthur Eddington. Arthur era um grande cientista britânico, tão crânio que entendia de Teoria da Relatividade de trás para a frente e da frente para trás. O Beto gostava muito do Arthur, porque, além de excepcionalmente inteligente, ele era pacifista. Arthur se recusou a lutar na guerra (do que o governo não gostou nem um pouco, apesar de ele ser gênio e tudo o mais), portanto estava livre para chefiar a eletrizante expedição do eclipse — a uma ilha minúscula chamada Príncipe, na costa da África Ocidental —, terminasse a guerra ou não. Outros cientistas planejavam ir a Sobral, no Ceará, onde o risco de chuva é quase zero, para a eventualidade de naquele dia o céu estar encoberto na África. Os cientistas esperavam que o eclipse de 1919 provaria que o Beto estava certo (ou errado).

Beto não se achava mais inteligente que o Isaac Newton: dizia que apenas tivera um ponto de partida melhor que ele. Mas muita gente não via as coisas desse jeito...

Espaço é flagrado empenando

A RETAGUARDA

Londres, 5 de novembro de 1919

VALE-TUDO NAS CIÊNCIAS

O mundo da ciência está em polvorosa, com a peleja envolvendo o exótico Albert Einstein e nosso caro sir Isaac Newton, modelo de britânica compostura. Duas expedições de valorosos cientistas patrícios foram a remotos, para não dizer selvagens, ermos deste vasto mundo tirar uma série de fotografias para verificar a posição das estrelas durante o eclipse solar.

As fotografias estão sendo analisadas. Einstein sustenta que a gravidade do Sol faz o espaço e o tempo se curvarem, o que muda a direção dos raios de luz das estrelas que passam perto dele. Se isso for verdade, as fotos têm de mostrar as estrelas numa posição diferente da de costume. Sir Isaac não foi localizado pela reportagem para fazer seu comentário, mas sabemos que não concorda com essas ideias esdrúxulas do sr. Einstein. Amanhã é o dia D: os resultados das análises serão anunciados numa reunião de sumidades científicas da Royal Society, em Londres, e aí veremos quem tem razão. Nem é preciso dizer que apoiamos sir Isaac.

Na página 5, participe da nossa campanha "Em defesa da ciência tradicional" e ganhe um simpático boneco de sir Isaac Newton.

Albert Einstein e seu Universo inflável

No dia 6 de novembro, nem o Beto nem o Isaac apareceram na reunião. O Beto não foi porque sabia que tinha razão; o Isaac não foi porque havia morrido trezentos anos antes. Você não vai se surpreender: as previsões do Beto foram confirmadas.* Muitos cientistas também não se surpreenderam, pois o resultado tinha vazado semanas antes, mas foi nessa reunião que a Royal Society o aceitou oficialmente. A notícia fez furor.

Seguiu-se ao anúncio uma viva discussão, em que muita gente dizia não entender a relatividade. Ludwig Silberstein, que afirmou entendê-la mas achá-la errada, disse ao Arthur...

(Resposta que foi meio rude para o coitado do Silberstein.)

---

* Em todo caso, foi o que pensaram na época. Na verdade, os resultados não eram suficientemente precisos para se ter certeza.

Espaço é flagrado empenando

No dia seguinte, o Beto ficou... FAMOSO DE MORRER.

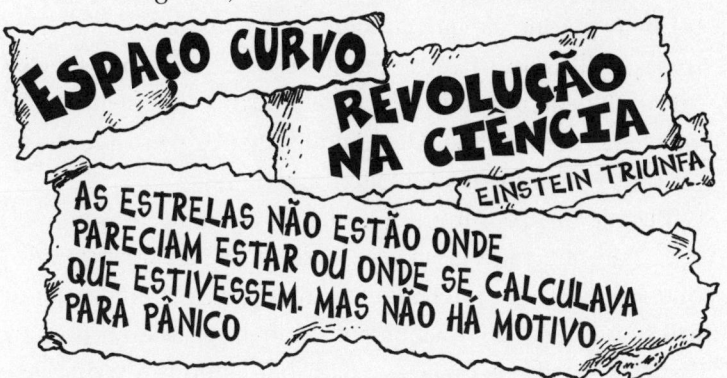

ESPAÇO CURVO
REVOLUÇÃO NA CIÊNCIA
EINSTEIN TRIUNFA
AS ESTRELAS NÃO ESTÃO ONDE PARECIAM ESTAR OU ONDE SE CALCULAVA QUE ESTIVESSEM. MAS NÃO HÁ MOTIVO PARA PÂNICO

Beto havia sido famoso na Alemanha por um tempo, mas era quase um ilustre desconhecido em outras paragens; agora, porém, todos os jornais do mundo falavam dele. Por um instante, o Beto nem desconfiou que tinha virado uma estrela da mídia, mas não pôde deixar de notar que alguma coisa estava acontecendo, especialmente quando um importante jornal de Berlim estampou uma foto imensa dele bem na primeira página, com a manchete: "Um novo gigante da história mundial".

Beto nunca entendeu direito a causa de todo aquele espalhafato. Anos depois, quando conheceu Charlie Chaplin e a multidão aclamava a ambos entusiasmada, Charlie lhe disse:

Eles me aplaudem porque todos eles me entendem, e o aplaudem porque nenhum deles o entende.

Talvez tivesse razão. Pode ser que as pessoas gostassem do Beto porque ele parecia muito à frente de todos os outros — talvez fosse como se estivessem vendo alguém de outro planeta, povoado por extraterrestres supergeniais, de cabeleira desgrenhada. De qualquer maneira, era agradável ter outro assunto, além da guerra, para falar.

Beto logo se tornou uma celebridade muito querida — e, de mais a mais, a fama veio a calhar. Ele era querido porque era divertido, interessante e modesto, e a fama veio a calhar porque, agora, as pessoas tinham passado a prestar atenção no que ele dizia — e não só quando falava de ciência. A Primeira Guerra Mundial convencera o Beto de que valia a pena lutar pela paz.

Ser famoso significava também que as conferências do Beto começaram a despertar tanto interesse que as inscrições logo se esgotavam e muitos estudantes ficavam de fora, porque todo tipo de gente ia assistir às conferências, comentando em voz alta como ele era genial, orgulhando-se de não entender uma palavra do que ele dizia.

A fama significava ainda viajar *sem parar*, para dar palestras sobre a relatividade:

Numa de suas viagens, o Beto ouviu uma coisa que teria causado um choque terrível em qualquer pessoa menos confiante:

Espaço é flagrado empenando

um cientista chamado Dayton Miller tinha descoberto, pelo visto, que a velocidade da luz variava dependendo do movimento da Terra. Se a velocidade da luz não era constante, toda a Teoria da Relatividade estava errada. Era mais ou menos como se alguém dissesse ao Newton que havia maçãs que caíam para cima, mas o Beto não acreditou nessa história. Educadamente, disse que Deus era sutil mas não malicioso — em outras palavras, não era fácil compreender o Universo, mas ele fazia sentido, enquanto os resultados do Dayton não faziam! (Ficou provado mais tarde que Dayton se equivocara, claro.)

Beto estava no Japão quando foi laureado com o Prêmio Nobel — como quatro anos antes ele já sabia que seria, tanto que até prometera à Mileva o dinheiro que ia receber. Mas o Nobel não lhe foi concedido por causa da relatividade. Aliás, os bambambãs da Fundação Nobel armaram uma treta e tanto para lhe atribuir o prêmio: sabiam que ele era um gênio, porque os mais famosos cientistas lhes mandavam cartas e mais cartas garantindo isso, mas os peritos a quem eles pediram que verificassem se a Teoria da Relatividade era mesmo uma contribuição significativa para a ciência mostraram-se reticentes, provavelmente porque não a entendiam. Assim, arranjou-se outro motivo para lhe dar o Nobel: o trabalho do Beto sobre as partículas de luz. Está certo que este também merecia um prêmio, mas... Bem, daqui a pouco veremos melhor do que se trata.

Mas a fama não significava apenas viagens e aplausos. Significava também perigo.

125

O político Beto

Depois da revolução, Berlim não era um lugar nada tranquilo. Em março de 1920, houve uma contrarrevolução quando os militares tentaram restabelecer a ordem (deles). O novo governo teve de se esconder, e a violência tomou conta da cidade. A coisa se acalmou passados uns dias, mas continuou a fervilhar muito ódio em Berlim. Parte desse ódio voltou-se contra o Beto, por ele ser um judeu famoso, que, ainda por cima, tinha apoiado a revolução. Organizaram um tal de Partido Trabalhista dos Cientistas Alemães para a Preservação da Ciência Pura, que bem poderia ter se chamado, mais simplesmente, Sociedade AntiBeto. O próprio Beto chamava-o de Antirrelatividade & Cia. Ltda., isso quando falava educadamente. A tal Sociedade pagava uns cafajestes para desabonar a Teoria da Relatividade.

> **ESTATUTO DA SOCIEDADE ANTIBETO**
> 1. O Beto está errado.
> 2. O Beto plagia outros cientistas.
> 3. Não há necessidade de nenhuma teoria da relatividade.
> 4. Não gostamos do Beto.
> 5. E isso aí.

Os amigos do Beto, e uma porção de outros cientistas, queixaram-se da Sociedade e disseram um monte de coisas bonitas sobre ele, mas não ajudou muito. Ajudou ainda menos o Beto ter escrito um vigoroso artigo de réplica à Sociedade num jornal de Berlim, em que chamava seus membros de percevejos. Todos ficaram meio espantados com o fato de o Beto ter levado a coisa tão a sério — mas

Espaço é flagrado empenando

é que eles não estavam tendo de enfrentar uma sociedade criada especialmente para prejudicá-los.

Por que o fato de o Beto ser judeu levava tanta gente a odiá-lo? É triste, mas o caso é que os judeus foram malquistos em vários países por séculos a fio (quando o Beto nasceu, eles só tinham direito de exercer umas poucas profissões, o que havia impedido seus ancestrais, por mais inteligentes que fossem, de serem cientistas). Tinham costumes diferentes dos de outros povos, e o simples fato de os judeus serem diferentes já bastava para que algumas pessoas não gostassem deles. No início da década de 1930, na Alemanha, esses sentimentos foram explorados e exacerbados por um partido político chamado Partido Nacional-Socialista — os nazistas. Mas o fato de o Beto ser brilhante, popular e judeu contradizia a ideia que eles difundiam: a de que os judeus eram o fim da picada. Por isso trataram de desacreditá-lo.

Foi só por essa época que o Beto começou a dar importância ao fato de ser judeu. Para ele, ser judeu não tinha nada a ver com Deus, mas muito a ver com ser membro do que ele chamava de uma tribo. Uma coisa que o fez se preocupar com os problemas dos judeus foi que, depois da Primeira Guerra, um grande número deles se estabeleceu na periferia de Berlim. Eles haviam escapado de anos e anos de perseguições na Rússia e na Polônia, e eram paupérrimos. Algumas pessoas — inclusive alguns judeus — queriam se livrar dos recém-chegados, mas o Beto escreveu um artigo no jornal dizendo que eles deviam ter permissão para ficar.

Agora que era famoso de morrer, o Beto era utilíssimo para os grupos judeus, e a Organização Sionista Mundial convidou-o a ir aos Estados Unidos, a fim de levantar fundos e divulgar os problemas dos judeus. Os judeus não tinham um país próprio havia séculos, e a Organização Sionista Mundial achava que já estava na hora de terem. O Beto achava que a existência de vários países era "o sarampo da espécie humana" e que essa multiplicidade levava à guerra, portanto ele não era muito favorável à criação de outro país. Também não gostava nem um pouco da ideia de ser um tipo de garoto-propaganda, mas aceitou o convite, na esperança de que iria ajudar os judeus.

Viajou também para a Inglaterra e a França, embora soubesse que os alemães não eram muito bem-vistos por lá, logo depois da guerra. Mas ele era tão simpático, além de ser o maior cientista do mundo, que fazia amigos em toda parte. O fato de ter muitos inimigos não o preocupava, até o dia em que o ministro das Relações Exteriores da Alemanha, Walther Rathenau, foi assassinado.

Walther era amigo do Beto, e este até o prevenira dos riscos de assumir aquele ministério. Walther fora morto, pelo menos em parte, por ser um judeu famoso — o Beto seria o próximo? Ele achava que sim. Por isso cancelou todas as aparições em público e saiu de Berlim por um tempo. Sem dizer nada ao marido, Elsa conseguiu que a polícia se incumbisse de protegê-lo: pequenos grupos de agentes secretos o acompanhavam aonde quer que fosse (o que o teria deixado fulo da vida, se ele tivesse percebido).

Embora o Beto logo tivesse recuperado sua calma habitual

Espaço é flagrado empenando

e voltado para Berlim, ainda evitava reuniões públicas, inclusive uma em que disseram cobras e lagartos a seu respeito: acusaram-no, por exemplo, de se valer de problemas científicos para resolver pendengas pessoais (que era exatamente o que a Antirrelatividade & Cia. vinha fazendo contra ele!). Era o tipo de coisa que Adolf Hitler também vinha dizendo: que os judeus estavam se valendo da ciência para promover um "envenenamento deliberado e sistemático da nossa alma nacional, e portanto... a deflagração do colapso interno da nossa nação". (Essa teoria, nem o Beto conseguia entender.)

Bem quando ele achou que já não corria risco se aparecesse em público, ouviu outra ameaça de morte e teve de se esconder de novo. Não é de espantar que isso estivesse começando a lhe dar nos nervos e que ele tenha se sentido tentado a se mudar para os Estados Unidos. Mas não era só para ter um pouco de paz. Era também porque a pesquisa científica ia de vento em popa por lá, com o uso de telescópios gigantes para investigar a estrutura do Universo. O Beto havia formulado sua teoria sobre isso anos antes, mas, como sempre, a tecnologia levou um tempão para alcançá-lo. Vamos dar uma rápida marcha a ré até 1917, para ver o que ele descobriu.

O UNIVERSO INFLÁVEL DO BETO

A cosmologia é o estudo de todo o Universo, o "cosmos". Antes do Beto, este não era propriamente um tema científico. Os filósofos tinham um montão de ideias sobre o Universo, mas não tinham teorias adequadas, que pudessem ser testadas e usadas para previsões e coisas do gênero. A maioria dos cientistas antes do Beto achava que isso não competia a eles. Como alguém podia *explicar* algo como o Universo? Isaac Newton havia tentado, mas sua teoria (um Universo cheio de estrelas que se movia infinitamente no espaço e eternamente no tempo) veio a revelar-se problemática.

Na época, não havia nenhuma razão científica para acreditar que o Universo não existia desde sempre. Nesse caso, só havia duas hipóteses sobre como ele seria:

1. As estrelas tinham de se mover para sempre em todas as direções. O problema aqui era que, com um número infinito de estrelas, teria de haver atração gravitacional em toda parte. Só que não há. Logo, restava a outra...

2 Embora o espaço se movesse para sempre em todas as direções, as estrelas morriam após alguns zilhões de quilômetros. Nas palavras do Beto: "O Universo estelar deve ser uma ilha finita num oceano de espaço infinito". Mas o Beto não gostou da segunda hipótese também. Concluiu que ao cabo de períodos de tempo longuíssimos as estrelas se afastariam umas das outras. Se o Universo existia desde sempre, como se supunha, então não sobraria mais nenhuma estrela para ver: todas elas estariam totalmente fora de vista agora.

Beto teve então uma ideia estupenda, fantástica, maravilhosa. Ele já sabia que a matéria — uma estrela, por exemplo — curvava o espaço. O que aconteceria se houvesse dúzias, ou centenas, ou milhões de estrelas? O espaço se curvaria mais e mais e mais e mais e mais, até...

Até o quê?

Bem, até se fechar em si mesmo. Isso significaria que embora você pudesse viajar por todo o sempre e não achar o limite do Universo, você acabaria ficando sem novas partes para ver: um relógio de luz enviado ao espaço percorreria o Universo todo e acabaria voltando ao ponto de partida. Assim, você talvez pudesse ver a sua nuca zilhões de quilômetros além no espaço (se tivesse uma baita lâmpada instalada na cabeça).

Empregando a Relatividade Geral, o Beto chegou a uma equação que descrevia a forma de... TODO O UNIVERSO.
Mas havia um probleminha...

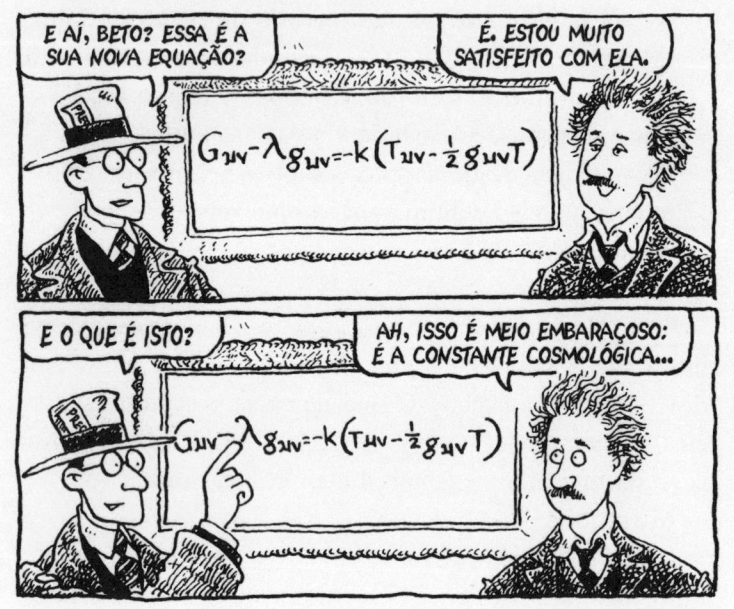

> E AÍ, BETO? ESSA É A SUA NOVA EQUAÇÃO?
>
> É. ESTOU MUITO SATISFEITO COM ELA.

$$G_{\mu\nu} - \lambda g_{\mu\nu} = -k\left(T_{\mu\nu} - \frac{1}{2} g_{\mu\nu} T\right)$$

> E O QUE É ISTO?
>
> AH, ISSO É MEIO EMBARAÇOSO: É A CONSTANTE COSMOLÓGICA...

A constante cosmológica é um treco que o Beto teve de botar na equação para que esta fizesse sentido. Em consequência da atração gravitacional, as estrelas se atraem como se estivessem presas umas às outras por elásticos. Imagine que você usa uma gravata elástica, esticada até o máximo, com uma torta de creme na ponta. (Se você ainda não fez essa experiência, isso prova como você é lerdo: faça-a já. Você não só vai lançar moda, como vai ter um modelo do Universo pendurado no pescoço.)

Agora, empurre a torta para longe de você. A gravata vai esticar e tentar puxar a torta de volta para junto de você. O que impede que isso aconteça é seu braço, afastando a torta.

Na teoria do Beto, a torta é uma estrela, sua cara é outra estrela, e o elástico é a gravidade. A constante cosmológica é seu braço. O que aconteceria com o Universo se não houvesse constante cosmológica? Tente tirar o braço fora e vai descobrir.

A constante do Beto foi um achado e tanto para evitar o colapso do Universo. Mas ele não estava muito satisfeito, porque não havia nenhum outro motivo para a tal constante estar ali. Teria sido muito mais simples deixá-la de fora — e, como já vimos, para o Beto ciência era simplicidade. Mas ele não descobriu nenhuma maneira de evitar a constante; logo, ela ali ficou pelos doze anos seguintes.

Galáxias retirantes

Em 1929 entrou em cena Edwin Hubble, um astrônomo americano. Edwin se dedicava a observar as galáxias para descobrir o que acontecia com elas. E parecia acontecer sempre a mesma coisa: elas se afastavam. Até parecia que estava acontecendo isto:

O Beto já havia mostrado em suas equações que o Universo era inflável (e desinflável), mas tinha considerado que na verdade ele não estava nem se inflando nem se desinflando, porque não havia nenhuma evidência sugerindo uma coisa

Albert Einstein e seu Universo inflável

ou a outra. Agora Hubble descobrira uma nova evidência, que provava que o Universo estava de fato se inflando.

Mais uma vez, é como a torta na ponta da gravata elástica. Existe, sim, um jeito de impedir que ela se espatife de volta na sua cara. É só atirá-la bem longe. Mais tarde ela vai

O Universo inflável do Beto

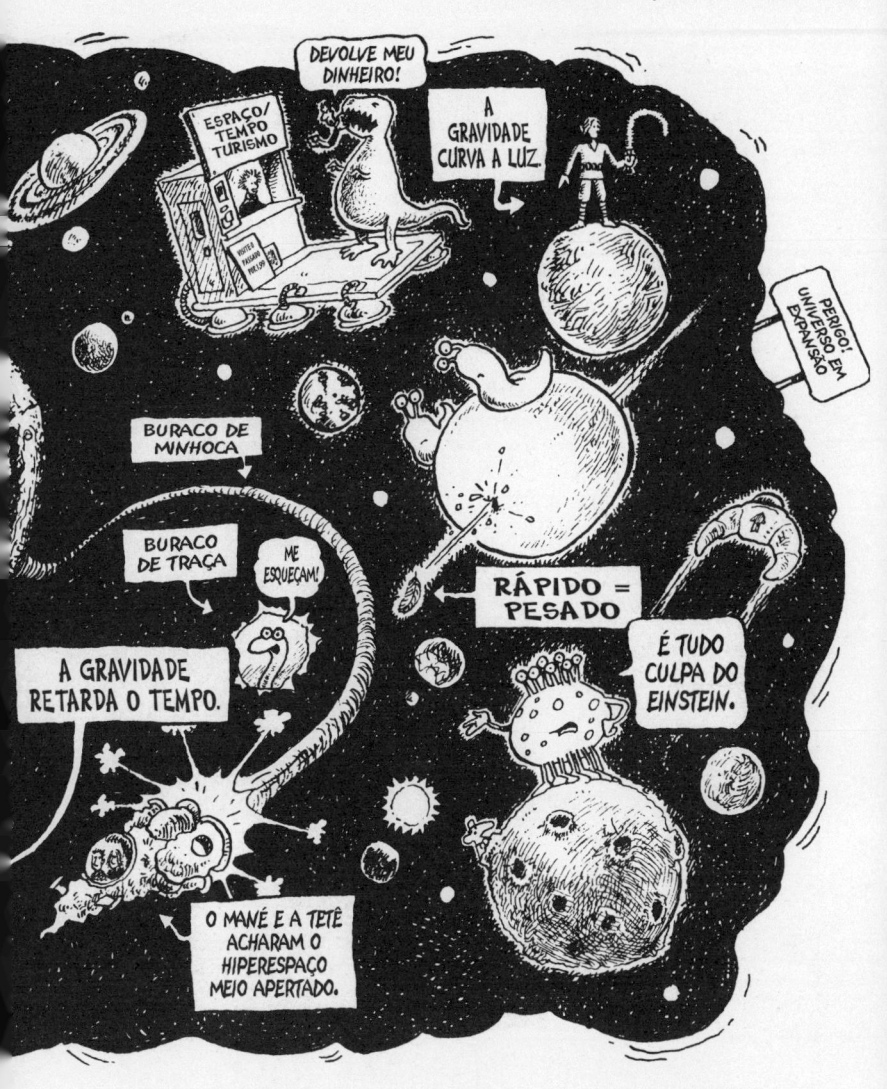

se espatifar contra você, é claro, mas enquanto isso você pode parar de empurrá-la.

Até há pouco, parecia que o Universo era assim: ele se expandia num determinado momento, mas a gravidade ia acabar ganhando e o faria se espatifar de volta. Agora parece que o Universo foi atirado longe com tanta força que nunca mais vai entrar em colapso — como se você atirasse a torta com tanta força que arrebentasse a gravata.

Era assim que parecia ser, portanto. A constante cosmológica tinha sido um tremendo erro. Talvez. Recentemente, os cientistas descobriram evidências de que, de fato, as galáxias *estão* se movendo como se uma força, tipo constante cosmológica, as afastasse.

Como quer que seja, embora a cosmologia tenha evoluído muito desde o Beto, ainda se baseia na abordagem original dele. Como Elsa disse quando lhe mostraram um telescópio gigante na Califórnia e explicaram que ele era utilizado para descobrir a forma do Universo:

Meu marido faz isso no verso de um envelope velho!

DIVIRTA-SE!

AS INCRÍVEIS TEORIAS DE **BETO EINSTEIN**:
O UNIVERSO

Beto utilizou a Relatividade Geral para explorar todo o Universo. Mas havia uns probleminhas com o infinito. Como o Beto era um gênio, ele liquidou o infini-

O Universo inflável do Beto

to com a espantosa ideia de que o Universo é "fechado". Num Universo fechado, você pode viajar por todo o sempre sem chegar a um limite, mas num certo momento já não haverá lugares novos aonde ir. (Exatamente como, por mais depressa que viaje nas férias, você nunca chegará ao limite da Terra — mas poderão acabar se esgotando os lugares onde passá-las.)

Valendo-se da ideia de que a matéria curva o espaço, o Beto bolou umas equações que descrevem todo o Universo. Mas deu com um problema. As estrelas, atraídas pela gravidade umas das outras, se precipitariam umas contra as outras e o Universo entraria em colapso. O Beto sugeriu que havia uma força misteriosa que afastava as estrelas umas das outras e impedia que o colapso se produzisse.

Anos depois, Edwin Hubble mostrou que o Universo estava se expandindo, de modo que a tal força misteriosa do Beto não era necessária.

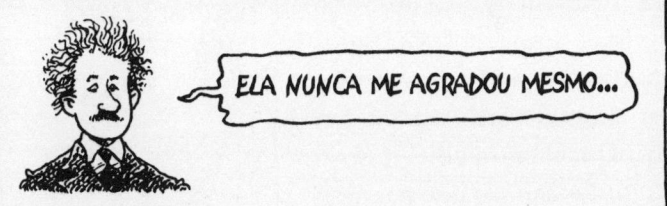

ELA NUNCA ME AGRADOU MESMO...

(Mas agora parece que, afinal de contas, ela de fato existe!)

BETO E OS NAZISTAS

Em 1930, o Partido Nazista recebeu votos bastantes para obter algum poder político real em que pudesse apoiar seu ódio aos judeus. Nessa etapa, porém, o Beto, como tantos outros, não levou os nazistas muito a sério. No entanto, acabou sendo bom que ele voltasse naquele ano aos Estados Unidos.

Nessa segunda visita, as pessoas estavam ainda mais loucas por ele do que na outra. Não paravam de pedir fotos, entrevistas, autógrafos. O Beto se divertia com isso, e até usou o seu sucesso para levantar fundos: Elsa cobrava por entrevista ou foto uma taxa que era destinada aos pobres de Berlim e à rapaziada que, no mundo todo, se recusava a prestar serviço militar. O Beto também se valia da própria fama para fazer as pessoas ouvirem suas opiniões pacifistas: costumava dizer que se apenas 2% das pessoas se recusassem a prestar serviço militar, os governos não poderiam guerrear. Verdade ou não, o fato é que isso soava bem, e muitos jovens americanos passaram a usar insígnias com o dístico "2%".

Quando o Beto voltou à Alemanha, continuou a lutar pelo pacifismo e a incentivar as pessoas a recusar o serviço militar. As coisas estavam ficando perigosas por lá agora, à medida que os nazistas ganhavam cada vez mais poder. E eles não odiavam só os judeus. Também não gostavam de ciganos, de gays, de gente com problemas físicos ou mentais, nem de gente inteligente como o Beto. Elsa aconselhou o marido a não se manifestar, mas ele disse: "Se eu fizesse isso, não seria Albert Einstein". Então, em vez de ficar na moita, ele fez o máximo de política que podia.

Beto não tardou a ir novamente aos Estados Unidos. Lá conheceu dessa vez um homem riquíssimo chamado Abraham Flexner. Abraham dispunha de 5 milhões de dólares para investir num instituto de pesquisa e queria que ele trabalhasse para esse instituto. O projeto interessou muito ao Beto, e não foi preciso gastar muita saliva para convencê-lo a não voltar para a Alemanha — ainda mais depois que ele soube que tinham invadido sua casa à procura de armas. Com isso, o Beto devolveu o passaporte alemão que obtivera ao chegar a Berlim, desligou-se da Academia Prussiana de Ciências e tratou de prevenir as pessoas contra os nazistas.

Os nazistas odiavam o Beto tanto quanto ele os odiava. Mandaram a Academia Prussiana expulsá-lo e ficaram umas feras quando souberam que ele se antecipara, deixando-a antes disso. Exigiram então que a Academia divulgasse uma declaração contra o Beto. Também confiscaram seus depósitos bancários em Berlim, saquearam seu apartamento e até queimaram seus livros.

O secretário da Academia Prussiana fez o que mandaram fazer e deu uma declaração dizendo que o Beto tinha dito que os nazistas eram cruéis (era quase como dizer que veneno faz mal para a gente). O Beto enviou um protesto a Max Planck, que era membro da Academia, mas, embora Max se opusesse às táticas terroristas dos nazistas, ele disse não aprovar o pacifismo do Beto. Por outro lado, Max escreveu um relatório à Academia dizendo que o Beto era tão inteligente quanto o Newton — e os dois continuaram amigos.

Beto logo voltou à Europa, mas não foi à Alemanha. Entre outros lugares, esteve na Bélgica. Fizera amizade com a rainha em 1929, quando participava de uma das conferências do Solvay nesse país. Dava-se muito bem com ela e com o rei; batiam papo, tocavam juntos — formavam um trio de arcos, a rainha como segundo violino — e comiam ovos estrelados na hora do chá. Sempre se referia ao casal como "os Reais".

Beto e os nazistas

Um belo dia de 1933, quando o Beto ainda estava na Bélgica...

Beto encontrou-se em segredo com o rei, que lhe explicou o problema: alguns belgas, que, fazendo o que o Beto sugerira, haviam se recusado a prestar o serviço militar, tinham sido presos e queriam que ele intercedesse em sua defesa. O rei temia que o Beto atendesse o pedido deles — fazia menos de três anos que ele pronunciara o discurso dos "2%" — e assim lançasse mais lenha na fogueira. Por isso lhe pediu, como um favor pessoal, que não os apoiasse.

Beto não teria feito isso como favor para nenhum amigo — para ele, os indivíduos, mesmo os amigos, eram sempre menos importantes que as pessoas em geral. Mas a ascensão do nazismo levou-o a reconsiderar sua ideia de que a violência nunca era uma maneira de resolver os problemas. Com muita relutância, percebia agora que às vezes não havia outra resposta e que aquela era uma dessas vezes. Fez o que o rei pediu e não apoiou os presos. E, embora tenha continuado a lutar vigorosamente pela paz mundial o resto da vida, já não estava seguro de que era possível conquistá-la sem o uso da força.

Capa e punhal

Era tudo muito excitante para o Beto naquela época — um pouco excitante demais, para alguém que queria ser deixado em paz a fim de solucionar os mistérios do tempo e do espaço. A Bélgica fica ao lado da Alemanha; assim, era fácil os nazistas fazerem o que queriam: matar o Beto. O governo belga pôs dois policiais para protegê-lo; estes pediram aos habitantes da cidadezinha onde o Beto se instalara que fingissem nunca ter ouvido falar dele. Mas isso não deu muito certo, e quem quisesse encontrá-lo não tinha dificuldade nenhuma para descobrir onde ele estava. Só que, quando alguém se aproximava da casa dele, os tiras pulavam em cima do coitado. Quantas vezes a Elsa não teve de sair à rua para socorrer os amigos agarrados por eles!

Dizem que os nazistas também tentaram criar problemas para o Beto mandando uns agentes secretos visitá-lo. Os agentes disseram ser antinazistas e pediram que ele os ajudasse contrabandeando armas. Esperavam, com isso, conseguir um pretexto para apresentá-lo como alemão antipatriótico (não sabiam que ele não era mais alemão). O Beto ficava meio fora do ar quando estava mergulhado nas questões científicas (uma vez saiu para uma reunião importante, perdeu-se e telefonou a Elsa, perguntando: "Onde estou e onde deveria estar?"), mas quando se concentrava em problemas como os espiões nazistas, revelava-se muitíssimo mais esperto que eles.

Beto logo se cansou disso tudo e voltou para os Estados Unidos, parando, a caminho, na Inglaterra, onde passou um mês. Aí, deu uma conferência para um público de 10 mil pessoas, inclusive um grande número de cientistas, um monte de políticos, e mais de mil estudantes e policiais (estes últimos estavam ali para protegê-lo). O Beto mostrou-lhes como os nazistas eram perigosos. Também recomendou que os estudantes mais brilhantes fossem encerrados nos faróis da costa, para que pudessem se concentrar exclusivamente na física!

Depois, partiu para sempre da Europa. Foi para Princeton, nos Estados Unidos, onde Abraham Flexner já tinha criado o Instituto de Estudos Avançados, sobre o qual conversara com o Beto. O Instituto estava abarrotado de cientistas de primeira. Na parede de um dos saguões principais, havia sido gravada uma frase do Beto. Ainda bem que não era daquelas embaraçosas, tipo "Abaixo as meias".

Deus é sutil, mas malicioso Ele não é.

Era o que ele havia dito a Dayton Miller (ver página 125) quando este achou que tinha provado que a relatividade estava furada.

Beto adorou o Instituto, e Princeton. Por fim ele tinha a paz e o sossego de que necessitava para trabalhar — não demorou a descobrir que a única coisa que tinha de fazer era ser um pouco rude com as pessoas, para que o ignorassem. E ali trabalhou e viveu feliz, com a mulher Elsa, a secretária Helen Dukas, um cachorro chamado Chico, um gato chamado Tiger e um violino chamado Lina.

Agora que o Abraham tinha o maior cientista em seu Instituto, o único problema era que ele queria que o Beto se dedicasse com exclusividade à ciência — não queria sobretudo que se metesse com política. Pôs-se então a abrir a correspondência dele e a dizer às pessoas que queriam falar com o Beto que ele não as receberia. Nem é preciso dizer que o Beto subiu nas tamancas por causa disso. A gota d'água foi quando o Abraham recusou um convite feito pelo presidente americano ao Beto. Este fez um escândalo daqueles e ameaçou pedir demissão. E foi jantar com o presidente, sim, ora essa! Depois disso, Abraham deixou-o em paz.

Naqueles dias, o Beto vinha tendo uma briga atrás da outra com quase todo mundo, e não era só por abrirem a sua correspondência. A maioria das brigas dizia respeito a uma teoria que ele ajudara a inventar. Para contar essa história direitinho, temos de voltar ao ano de 1905.

LUZ GRANULOSA

Em 1905, o Beto se deu conta de que acabara de inventar uma nova teoria, realmente surpreendente e revolucionária. Tão surpreendente, que lhe garantiu o Prêmio Nobel quase vinte anos depois, tempo que a comunidade científica levou para perceber que a teoria estava certa. Mas essa teoria não tinha nada a ver com a relatividade. Era sobre a luz.

Por dentro da matéria

Átomos, energia, luz e radiação

Átomos são praticamente nada com uma coisa dura no meio. Se um átomo de, digamos, oxigênio fosse do tamanho da Terra, a coisa no meio (chamada núcleo) teria apenas cem metros de fora a fora. O resto do átomo de oxigênio seria vazio, não fossem oito coisinhas minúsculas chamadas elétrons. Se você acerta um raio de luz no átomo, os elétrons dão pinotes e podem até pular para fora do átomo.

Energia é o que você precisa para fazer qualquer coisa: abrir um armário, riscar um fósforo, preparar

> um macarrão instantâneo. Calor, som e movimento são formas de energia.
>
> Outra forma de energia é a radiação. A luz é um tipo de radiação, mas há vários outros (ondas de rádio, que você sintoniza para assistir a um episódio de *Jornada nas Estrelas*; raios infravermelhos, que você sente na forma de calor; micro-ondas, com que você prepara pipoca; raios ultravioleta, que bronzeiam sua pele; raios X, que o atravessam, e raios gama, capazes de matá-lo).

Muito tempo antes de o Beto entrar em cena, Isaac Newton sugeriu que a luz se propagava em pequenos grãos. Não demorou muito para acharem que dessa vez o Isaac estava errado e que a luz era uma onda.

A ideia de onda explicava quase todas as coisas que a luz faz. Mas havia um ou outro senão.

Para início de conversa, considerar a luz uma onda acarretava um problema básico. As ondas sonoras viajam pelo ar; se você tirar o ar, não ouve mais nada, em parte porque morre, mas também porque não haveria nada para ouvir. É o que aconteceria com as ondas do mar se você tirasse o mar. Afinal de contas, uma onda nada mais é que uma vibração, e não dá para ter uma vibração sem algo que vibre. É mais fácil ensinar cobra a marcar gol de letra do que fazer uma onda sonora sem ar.

Logo, se a luz era uma onda, o que causava a ondulação?

Luz granulosa

Não podia ser o ar, porque é sabido que a luz pode se propagar através de um jarro de vidro cujo ar foi extraído, e de todo modo não há ar entre a Terra e as estrelas, o que não nos impede de enxergá-las à noite se o céu não estiver encoberto.

Os cientistas concluíram que a luz devia se propagar em alguma coisa, chamaram essa coisa de éter e tentaram descobrir tudo sobre ele. Descobriram que era invisível, que não tinha peso e que o som não podia se propagar nele. Também não dava para respirá-lo, sentir seu cheiro ou seu gosto. Todos os planetas e todas as estrelas se moviam através dele, como se ele não existisse: ele não reduzia nem um tiquinho a velocidade deles e delas. Afinal, o que os cientistas sabiam ao certo sobre o éter? Alguns séculos depois de inventá-lo, fizeram a...

LISTA CIENTÍFICA, OFICIAL, COMPLETA E DETALHADA DE TODAS AS PROPRIEDADES CONHECIDAS DO ÉTER

1. Ele possibilita a propagação da luz.
2. Hum...
3. Bem, é isso aí.

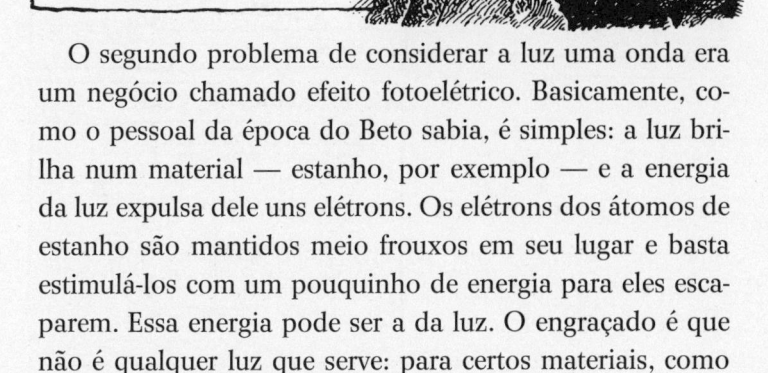

O segundo problema de considerar a luz uma onda era um negócio chamado efeito fotoelétrico. Basicamente, como o pessoal da época do Beto sabia, é simples: a luz brilha num material — estanho, por exemplo — e a energia da luz expulsa dele uns elétrons. Os elétrons dos átomos de estanho são mantidos meio frouxos em seu lugar e basta estimulá-los com um pouquinho de energia para eles escaparem. Essa energia pode ser a da luz. O engraçado é que não é qualquer luz que serve: para certos materiais, como o titânio e o urânio, a luz vermelha não serve, mas a azul sim. É uma descoberta estranha — é como descobrir que as coisas azuis são sempre mais pesadas que as vermelhas.

Qual a diferença entre a luz vermelha e a luz azul? A única diferença é que as ondas de luz azul são mais curtas que as de luz vermelha. Agora, se uma onda é mais curta, ela é mais potente: se você agitar a mão lentamente na água da banheira, fará ondas longas (como as da luz vermelha), mas se agitar a mão mais vigorosamente, terá ondas mais curtas (como as da luz azul). Agitar sua mão mais rápido requer mais esforço — mais energia; logo, ondas mais curtas significam maior energia. Parece então que temos uma explicação aqui: a luz azul tem mais energia; logo, pode expulsar os elétrons mais facilmente.

Será que isso faz mesmo sentido? Se a banheira estiver cheia e você quiser transmitir à água energia suficiente para que ela escape, agite a mão depressa que uma porção de ondinhas vão transbordar. Se você agitar a mão mais devagar, as ondas d'água também vão transbordar, só que vão demorar mais para encharcar o chão. A energia leva mais tempo para fazer a coisa, mas faz. Logo, a luz vermelha teria de acabar proporcionando aos elétrons energia suficiente para eles escaparem, o que não acontece nunca. Você pode iluminar o titânio eternamente com uma luz vermelha, que não vai libertar um só elétron.

Quando o Beto concentrou seu cérebro brilhante no efeito fotoelétrico, descobriu que esse efeito era como que a contração de objetos em movimento — os efeitos ficaram naturais e evidentes quando ele considerou o Universo de uma maneira mais simples do que aquela sugerida pelo senso comum.

Preto que cor é?

Já circulava na época uma meia explicação, bolada por ninguém menos que o amigo do Beto, o Max Planck. Max tinha tropeçado num problema cabeludo, o chamado problema do corpo negro. Bom, "corpo negro" é um dos nomes mais inadequados da física. Na sua opinião, de que cor são os corpos negros? Pretos? Não, senhor: podem ser vermelhos, amarelos, laranja ou, muitas vezes, brancos. Um "corpo negro" é algo que brilha com todas as cores ao mesmo tempo. A quantidade dessas diferentes cores depende da temperatura. Os corpos negros frios são negros de verdade, mas os quentes emitem um montão de luz vermelha e não muito das outras cores, portanto parecem ser vermelhos. Os bem quentes emitem mais luz laranja e amarela, e os quentíssimos emitem grande quantidade de todas as cores, portanto são brancos.

Há uma porção de corpos negros no Universo, inclusive o Sol e as estrelas. E o legal é que tem uma linda equação que diz quanto de cada cor está presente num corpo negro: essa porção depende da temperatura. A equação é utilíssima, por exemplo, para descobrir quão quentes são as estrelas. Mas e *explicá-la*, alguém podia? Os cientistas tentaram, tentaram, tentaram, até cansar, e não conseguiram. Algumas das suas equações previram que os corpos negros lançariam rajadas de raios mortais — ainda bem que não lançam!

> EM TODO CASO, VOU FICAR AQUI EMBAIXO. NUNCA SE SABE...

Max finalmente teve uma ideia. De algum modo estranho, a radiação emitida por um corpo negro se comportava como se fosse gerada por umas coisinhas minúsculas que vibravam no corpo. Essas coisinhas só vibravam em certas velocidades precisas. Max, na verdade, não pensava que existissem coisas vibrantes (que ele chamou de osciladores, ou ressonadores, harmônicos), mas descobriu que, supondo que elas existissem, poderia fazer alguns cálculos e chegar à equação que desejava.

Brilhante. Mas irritante. Max detestava sua própria ideia e gastou um tempão tentando provar que ela estava errada, mas nem ele nem ninguém pôde explicar a radiação dos corpos negros sem as tais coisinhas vibrantes. Max nem percebeu que acabava de inaugurar um novo domínio da ciência, o qual viria a ser chamado teoria dos quanta.

Além dele, todo mundo detestava aquela ideia. Quer dizer, quase todo mundo...

Diário perdido do Beto

Adoro essa ideia vibrante. Tenho certeza de que as coisinhas vibrantes existem. Aliás... e se a luz for feita delas?

Luz granulosa

Esses grãozinhos de energia vibrantes idealizados pelo Beto acabaram sendo batizados de fótons (ele os chamou de quanta de luz). O que chamamos de comprimento de onda da luz nada mais é que uma medida da vibração dos fótons; em outras palavras, é uma medida da energia deles: a luz vermelha é feita de fótons de baixa energia, que vibram lentamente, enquanto a luz azul é feita de fótons de alta energia, que vibram rapidamente. Os fótons são minúsculos: uma estrela atinge seus olhos com centenas deles a cada segundo.

A ideia do Beto era uma tremenda mão na roda:

> ## Diário perdido do Beto
> ### Como funciona: o efeito fotoelétrico
>
> Por que, em alguns materiais, os fótons azuis expulsam elétrons, e os vermelhos não? Porque a luz vermelha é feita de grãozinhos de baixa energia. Se um deles atinge um pedaço do material, transfere sua energia para um elétron, mas essa energia não basta para expulsar o elétron, que perde a energia de novo. Mas a luz azul tem grãos de alta energia — cada um deles com energia suficiente para expulsar um elétron.

É como tentar chutar uma bola para fora de uma vala: você pode dar quantos chutinhos quiser, que a bola só vai subir um pouco e rolar para dentro da vala de novo. Mas um só chute forte basta para que ela saia da vala.

Foi essa maneira de considerar a luz que levou à invenção da tevê: pequenos canhões disparam elétrons num material especial numa tela de televisão, expulsando fótons. E os fótons se juntam num capítulo de novela.

A ideia de uma luz granulosa também significava que não era mais preciso acreditar no tal do éter: se a luz não era apenas uma onda, não necessitava de um meio para se propagar. Ufa, que alívio!

Isaac Newton achava que a luz era granulosa e que não existia o éter; logo, ele teria concordado com o Beto. Até certo ponto: o Beto descobriu que, em alguns aspectos, de fato os grãos se comportavam como ondas. Era mais ou menos como o que ele mostrou sobre o espaço e o tempo: as ideias baseadas no senso comum não fazem sentido quando se aplicam a coisas incomuns — coisas minúsculas (como os elétrons), coisas superpesadas (como os buracos negros) ou coisas rapidíssimas (como os mésons mi).

Para rematar a teoria do Beto, segundo a qual a luz pode se comportar como pequenos grãos, um cientista francês, Louis de Broglie, sugeriu que os elétrons e outras partículas (que todo mundo sempre imaginou na forma de pequenos grãos) podem se comportar como ondas.

Luz granulosa

Beto usou suas novas ideias "quânticas" para explicar todo tipo de coisas, como o estranho comportamento dos diamantes em baixas temperaturas. Enquanto isso, um cientista dinamarquês chamado Niels Bohr usou as ideias do Beto para explicar o que acontece nas camadas externas dos átomos, aquelas por onde os elétrons se movem...

A luz de sódio das ruas é laranja. Se fôssemos capazes de enxergar ínfimas variações de cor, veríamos que esse laranja é bem diferente do laranja de, por exemplo, uma laranja. O laranja de uma laranja comum contém toda sorte de diferentes nuances de laranja, inclusive amarelos e vermelhos, tudo misturado, mas a luz do gás de sódio quente contém apenas duas nuances de laranja, ambas parecidíssimas. Outros gases quentes também são assim: produzem luz de cores certas, precisas. Niels explicou por quê. Aquecer uma coisa significa levar mais energia a essa coisa. Essa energia é absorvida em parte pelos elétrons. Conforme a energia aumenta, eles se afastam do centro do átomo. Mas Niels percebeu que os elétrons não podem ir a qualquer lugar — só podem existir a distâncias determinadas do centro do átomo.

Passado um instante, os elétrons caem de novo. A energia que possuem, eles expelem na forma de luz — um só fóton* por elétron. Como todos os átomos de sódio são iguais, as posições de onde os elétrons caem e para onde voltam também são as mesmas, sendo assim igual a energia dos fótons que eles expelem. A cor de um fóton depende apenas da sua energia: é por isso que o gás quente de sódio é sempre do mesmo tom de laranja.

---

* Niels não falava em fótons, na época. Como a maior parte dos cientistas, não gostava da ideia de que a luz fosse feita de corpos minúsculos e preferia pensá-la como feita de ondas.

Beto descobriu uma coisa incrível a esse respeito. Havendo muitos átomos do mesmo tipo, cada qual com um elétron num nível alto de energia, então o fóton libertado quando um dos elétrons cai de volta fará os elétrons de todos os outros átomos também caírem e libertarem seus fótons todos juntos, como uma poderosa pulsação de luz de uma cor exata. É assim que funciona o laser — portanto, você poderia dizer que seu inventor foi o Beto, apesar de o primeiro aparelho só ter sido construído em 1960.

> **DIVIRTA-SE!**
>
> ## AS INCRÍVEIS TEORIAS DE BETO EINSTEIN: OS FÓTONS
>
> Max Planck só conseguia explicar como os objetos mudam de cor ao esquentar dizendo que eles devem ter na sua superfície umas coisinhas vibrantes que só podem aceitar energia (da luz, por exemplo) em grãos. Passou anos tentando provar que essas coisinhas não existiam. O Beto achava que tinha sentido considerar a luz como feita antes de mais nada de grãos (agora chamados fótons).
>
> Beto e seus amigos descobriram que a luz, os elétrons e outras partículas se comportam, todos eles, em algumas circunstâncias como se fossem grãos e em outras, como ondas.

Beto gostava da sua teoria, mas havia uma coisa que o incomodava um pouco. Se você pega um átomo energizado, não há como prever *quando* ele vai irradiar seu fóton. Como o Beto dizia: "Parece não existir nenhuma 'causa'". Mas na concepção que ele tinha de um Universo-Deus, tudo tinha de ter uma causa. Essa preocupaçãozinha voltaria a atormentá-lo, e muito.

Depois disso, o Beto deixou a mecânica quântica de lado por um tempo. Quando voltou a ela, não ficou nada satisfeito com o que encontrou. Nada mesmo.

O mundo irreal

O retrato que o Beto oferecia do Universo em escala diminuta era o de minúsculos grãos de matéria (átomos) e minúsculos grãos de luz (fótons). Não era muito diferente do retrato que o Newton oferecia, só que o Beto havia bolado uma explicação matemática de como os fótons e os átomos funcionavam. Para ele, era este o significado essencial da teoria dos quanta: a luz, assim como a matéria, era granulosa. Os grãos podiam se comportar como ondas, mas fora isso não tinham nenhum mistério.

Valendo-se das ideias do Beto, bem como das de Max Planck e outros, cientistas mais jovens criaram uma teoria que explicava muito bem todo tipo de coisas mas que ia muito mais longe do que o Beto tinha ido.

A nova teoria dos quanta dizia o seguinte:

AS COISAS SÃO MEIO INCERTAS.

Isso quer dizer que não dá para saber *exatamente* onde uma coisa está num determinado instante, quanta energia possui e em que velocidade se move. No caso das coisas maiores, essa incerteza é tão diminuta que não tem importância, mas no caso das coisas minúsculas, como os elétrons e os fótons, tem, sim, e muita. Por exemplo, digamos que você queira calcular a trajetória de um elétron, determinando onde ele está exatamente a cada nanossegundo. Não vai conseguir. Você nunca vai poder obter uma medida precisa da trajetória de um elétron. Se você tentar, seu instrumento de medida perturbará o elétron, mudando a velocidade e a posição dele. Isso não tem nada de surpreendente, mas os novos físicos quânticos não diziam somente que não dá para *medir* a velocidade e a posição exatas de uma coisa. Eles diziam...

UMA COISA NEM SEQUER TEM VELOCIDADE E POSIÇÃO EXATAS!

Existem processos atômicos como o decaimento radiativo. Alguns átomos são um bocado instáveis, tanto que as coisas às vezes os deixam tão perturbados que eles EXPLODEM. Mas ninguém pode prever exatamente quando isso vai acontecer com um átomo determinado. O Beto tinha certeza de que *havia* uma razão para um átomo entrar em colapso num momento dado, apesar de essa razão ser desconhecida. Mas os novos físicos quânticos diziam...

NÃO HÁ A MENOR RAZÃO!

E a nova teoria dos quanta dizia uma coisa ainda mais esquisita: algumas coisas só são "reais" quando alguém as mede.

Luz granulosa

Imagine o seguinte: você gira uma moeda em cima da mesa e pergunta: "É cara ou coroa?". Enquanto a moeda está girando, essa pergunta não tem cabimento: a moeda não é nem uma coisa nem outra. A única maneira de ter uma resposta é "medir" a moeda e, para fazê-lo, você tem de pará-la com um bom tapa. Mas, nesse caso, você não só alterou a situação (agora tem uma moeda triste por estar parada, em vez de uma toda feliz por estar girando), como também *forçou* a moeda a ser cara (ou coroa). Tem mais: você não pode prever a resposta antes de dar o tapa na moeda e, se repetir a experiência, pode obter um resultado diferente.

É como medir o que os cientistas chamam de *spin* (giro, rotação) de uma partícula. Até você medir, a partícula ainda não "decidiu" como está girando. Você pode medir a partícula, mas para isso vai precisar adicionar tanta energia que vai alterar toda a situação e obrigar a partícula a girar de determinada maneira: medir uma coisa minúscula, como uma partícula, é uma violência tão grande quanto parar com um tapa uma moeda que está girando. Também não dá para prever como ela vai voltar a girar e, se você repetir a experiência, pode obter um resultado diferente.

Portanto, coisas como a rotação de uma partícula só se tornam reais quando a partícula é medida. É uma ideia esquisitíssima, ainda mais para um cientista. Os cientistas sempre se viram como aquelas pessoas que ligam a tevê no meio de uma novela, deduzem o que já aconteceu e preveem o que vai acontecer. Mas o fato de assistirem à novela não influi no enredo: você pode gritar quanto quiser para a garota apaixonada que o cara está abusando da ingenuidade dela, que não vai adiantar nada. Mas, de acordo com a teoria dos quanta, os cientistas se parecem mais com o público de teatro: jogue um ovo podre no palco e vai ver o efeito!

A teoria dos quanta é estranha, mas consegue explicar de maneira muito satisfatória todo tipo de coisas, como, por exemplo, de que jeito os átomos absorvem e irradiam a luz. Hoje, quase toda a química só faz sentido se a teoria dos quanta for verdadeira.

A teoria dos quanta é também superprática. Se um elétron fica rondando por um instante uma cerca que ele não tem energia para pular, a teoria dos quanta diz que ele, de repente, pode se encontrar do outro lado! Dá para "explicar" isso de diferentes maneiras. Por exemplo, você pode dizer que ele empresta a energia de algum lugar ou que muda de um lugar para o outro sem passar pelo espaço entre os dois. Em todo caso, por mais difícil que seja entender como o elétron faz isso, não há sombra de dúvida de que faz mesmo: os mais variados equipamentos usam um dispositivo eletrônico chamado diodo túnel que só funciona por-

Luz granulosa

que os elétrons "abrem túneis" através das barreiras "intransponíveis" que encontram em seu caminho.

Por dentro da matéria

A teoria dos quanta

A teoria dos quanta resume-se a algumas ideias básicas:
- a luz e as partículas se comportam como ondas (em algumas circunstâncias);
- a luz e as partículas se comportam como grãos (em algumas circunstâncias);
- há um limite para o que se pode descobrir sobre uma partícula;
- o Universo é incerto, isto é, as partículas não possuem velocidade e posição exatas;
- às vezes, simplesmente não há motivo para que as coisas aconteçam como acontecem; e
- uma partícula não "decide" o que está fazendo enquanto não é medida.

O que o Beto pensava disso tudo?

Beto passara a vida toda descobrindo o motivo de as coisas acontecerem. Agora queriam que acreditasse que às vezes NÃO havia motivo para uma coisa acontecer. Não dava para ele aceitar isso, e ele também não podia acreditar que algumas coisas só são reais quando são medidas. Achava a teoria dos quanta brilhante e utilíssima, e concordava que o Universo *parece* incerto e aleatório, mas tinha certeza de que havia segredos mais profundos a serem desvendados. Ele disse que a teoria dos quanta...

> *... não nos aproxima nem um pouco mais do segredo do "Velho". Em todo caso, estou convencido de que Ele não está jogando dados.*

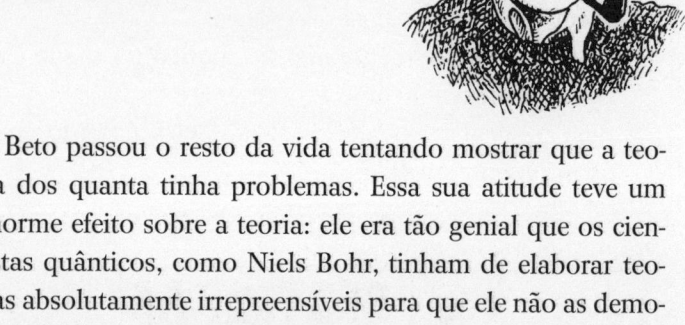

Beto passou o resto da vida tentando mostrar que a teoria dos quanta tinha problemas. Essa sua atitude teve um enorme efeito sobre a teoria: ele era tão genial que os cientistas quânticos, como Niels Bohr, tinham de elaborar teorias absolutamente irrepreensíveis para que ele não as demolisse. Niels e o Beto discutiram anos a fio, sempre de forma cordial, mas não conseguiram convencer um ao outro.

O elo quântico

Uma das últimas e mais importantes ideias do Beto sobre a teoria dos quanta ainda hoje é discutida e testada. Em sua forma moderna, é enunciada assim: muitas partículas formam pares, uma girando no sentido dos ponteiros do relógio, a outra no sentido contrário (então, ou se separam, ou se destroem mutuamente). É impossível ambas as partícu-

Luz granulosa

las girarem no mesmo sentido. Agora, de acordo com a teoria dos quanta, uma partícula só "decide" como está girando quando é medida. Portanto, uma vez que você mediu uma partícula e ela "decidiu" girar no sentido anti-horário, a outra não tem escolha: tem de girar no sentido horário; se não, as duas girariam no mesmo sentido, o que é impossível. Logo, de certa forma, medir uma partícula afeta ambas! Isso deve acontecer inclusive no caso de as partículas estarem separadas por trilhões e trilhões de quilômetros. É como se as partículas estivessem misteriosamente ligadas, qualquer que seja a distância entre elas.

Beto achava que isso era tão "fantasmagórico" (foi assim que ele disse), que *não podia* ser verdade. Mas se não fosse, a teoria dos quanta estava errada.

A ideia do Beto era avançada demais para ser testada. Isso só pôde acontecer em 1982, mas as experiências feitas desde então mostraram que as partículas se comportam de fato do jeito fantasmagórico que a teoria sustenta: há mesmo algum misterioso elo instantâneo ligando-as. O que parece dar a entender que cada coisa, no Universo, está misteriosa e instantaneamente ligada a todas as outras. Incrível, não é?

Bom, talvez esteja na hora de voltarmos à Terra...

$$E = mc^2$$

Não fazia muito tempo que Beto e Elsa estavam nos Estados Unidos quando ela adoeceu. Foi uma época terrível para o Beto. Ele fez tudo o que podia pela mulher, mas, após vários meses de tratamento, ela morreu na casa onde moravam, em Princeton.

As notícias provenientes da Alemanha também eram deprimentes.

TRIBUNA DO UNIVERSO
10 de novembro de 1938
PERSEGUIÇÃO AOS JUDEUS

Na noite passada, os nazistas detiveram mais de 30 mil judeus na Alemanha. Sete mil lojas judaicas foram depredadas, a maioria das sinagogas incendiadas, noventa judeus assassinados e centenas de outros espancados.

É mais um na série de atos antissemitas patrocinados pelo governo nazista: em 1933 os judeus foram

$E = mc^2$

proibidos de exercer a medicina, advogar e lecionar. Em 1935, tiveram a cidadania alemã cassada e, nesse mesmo ano, foram proibidos de entrar em muitos cinemas e teatros — e até de sentar nos bancos de vários parques.

Beto ajudou muitas pessoas a escapar dessa perseguição, emprestando-lhes ou dando-lhes dinheiro para fugir e escrevendo cartas para arranjar-lhes permissão de imigrar para os Estados Unidos. Quando seu dinheiro acabou e aumentou o número de pessoas que tentavam escapar, ele tratou de envolver mais gente nessa ajuda.

Beto estava convencido de que a única maneira de solucionar efetivamente problemas como aquele era pôr fim aos Estados nacionais e ter um governo mundial único, com forças armadas destinadas exclusivamente a manter a paz. Mas o governo dos Estados Unidos não queria que o Estado americano acabasse, e seu serviço nacional de investigação, o FBI, ficou de olho no Beto, que por sua vez ficou com uma ficha do tamanho de um bonde nos arquivos da instituição.

Em 1939, sua irmã, Maja, foi morar com ele. O Beto era agora um sessentão e precisava de alguém para cuidar dele: estava ficando desligado demais. Contam que um dia ele se perdeu e esqueceu o número do telefone de casa — e não adiantava ligar para a companhia telefônica, porque ele pedira que não dessem o número para ninguém.

Muitos cientistas achavam, agora, que o Beto tinha se perdido também na física: Robert Oppenheimer disse que ele estava "completamente abilolado". Oppenheimer foi um dos cientistas que inventaram a bomba atômica.

> NÃO FOI O BETO QUE INVENTOU A BOMBA ATÔMICA?

Não. Mas foi ele que deu o primeiro passo no sentido do seu desenvolvimento, o que nos leva novamente de volta a 1905 e à Relatividade Especial.

Rápido = pesado

Beto havia descoberto que, se um objeto se aproxima da velocidade da luz, coisas estranhas acontecem com o tempo e o espaço. Os objetos encurtam e os relógios andam mais devagar. Na própria velocidade da luz, os relógios a bordo parariam e o comprimento do objeto seria zero. Mas será que alguém podia andar tão rápido assim?

Essa não é apenas uma questão teórica. Em laboratórios do mundo todo dão-se fortíssimos empurrões em inocentes particulazinhas — uns empurrões tão violentos que, de acordo com Isaac Newton, elas deveriam ir numa velocidade muito maior que a da luz. O Isaac diria que, se determinado impulso fizesse uma partícula ir a, digamos, 100 milhões de metros por segundo, um impulso quatro vezes maior faria a partícula ir a 400 milhões de metros por segundo. Mas o Beto descobriu que isso é impossível. *Nada* pode fazer uma partícula ir mais depressa do que 300 milhões de metros por segundo.

$$E = mc^2$$

Imagine que você resolve testar se o Beto está certo. Você tem uma maquininha capaz de medir a velocidade das coisas; então, você cata um grão de areia e o atira na parede a 90% da velocidade da luz. O grão de areia faz um BANG bem forte quando bate na parede e deixa uma marca onde bateu.

Agora, digamos que você atira o grão com duas vezes mais força. Se você não leu a página anterior, dirá que o grão irá a 180% da velocidade da luz. Entretanto, sua maquininha de medir velocidade lhe diz que, na verdade, o grão vai a apenas 97,2% da velocidade da luz. Mas o BANG que ele faz ao bater na parede é muito mais forte. A parede até estremece e aparecem algumas rachaduras.

Bom, agora imagine que você junta todas as suas forças e atira o grão de areia com vinte vezes mais força do que na primeira vez. A maquininha vai lhe dizer que você conseguiu arremessar o grão a 99,97% da velocidade da luz. Mas quando ele bate na parede...

Albert Einstein e seu Universo inflável

Se você não soubesse das coisas, acharia que o grão foi vinte vezes mais rápido, para fazer o estrago que fez. O que aconteceu?

> É SIMPLES. O GRÃO FICA MAIS PESADO.
>
> É? POIS NÃO PARECE!
>
> CLARO. AGORA ELE ESTÁ PARADO; LOGO, SEU PESO VOLTOU AO NORMAL.
>
> HUM...

Todo mundo sabe que um objeto, quanto mais pesado for ou mais depressa se mover, mais vai machucar. Se você pegar uma bola de pingue-pongue numa das mãos e uma bola de golfe na outra, e as duas estiverem se movendo na mesma velocidade, a bola de golfe vai machucar muito mais. E o Beto entendeu que é isso que acontece com a energia que você aplica a uma coisa para que ela vá mais rápido. A energia não é toda consumida na aceleração da coisa — também a torna mais pesada.

Como tudo o que a Teoria da Relatividade sustenta, isso acontece todos os dias: sempre que você atira uma coisa, parte do seu esforço torna a coisa mais pesada, parte a acelera. Mas em velocidades normais o aumento da massa é imperceptível.

$E = mc^2$

NÃO SE APAVORE!
Opa! Outra equação. Mas essa você já viu antes...

A equação é a seguinte:

$$\text{MASSA EM MOVIMENTO} = \sqrt{1 - \frac{v^2}{c^2}} \cdot \text{MASSA NORMAL}$$

Não é familiar? E, tal como as outras coisas que acontecem na Relatividade Especial, essa mudança de massa só ocorre em relação às pessoas pelas quais o objeto passa. Se você estiver se movendo com o objeto, não vai medir nenhuma mudança na massa dele.

Beto descobriu uma coisa surpreendente sobre a massa e a energia. Em apenas três folhas de papel, usou a relatividade para explorar o que acontece com um objeto luminoso quando ele se move e descobriu uma maneira de relacionar a energia da luminosidade à massa do objeto. Sua descoberta se aplicava a qualquer tipo de energia (não apenas à luz) e de objeto (não apenas a um objeto em movimento), e o levou à mais famosa equação do mundo:

$$E = MC^2$$

Trocando em miúdos: para calcular a quanta energia um objeto equivale, basta multiplicar a massa do objeto pela velocidade da luz ao quadrado.

Albert Einstein e seu Universo inflável

Como a velocidade da luz é enorme, seu quadrado é elevadíssimo (põe elevadíssimo nisso!); portanto, uma minúscula porção de matéria traz aprisionada dentro de si uma quantidade gigantesca de energia. Por exemplo, um grão de areia encerra energia suficiente para ferver 10 milhões de chaleiras! Só que essa energia está de fato aprisionada nele: liberar toda ela é dificílimo, mas um pouquinho é bem fácil. Uma pequena quantidade de energia é liberada da matéria, por exemplo, toda vez que um combustível é queimado: as cinzas e a fumaça são menos pesadas que o combustível, porque parte da massa deste se transformou em energia. Em condições de enorme pressão, como no centro do Sol, é possível liberar muitíssimo mais da energia aprisionada, e é isso que faz o Sol brilhar.

Por outro lado, a energia pode se transformar em matéria. É o que acontece quando a luz solar incide sobre uma planta em crescimento. A luz junta o dióxido de carbono à água para formar novos pedaços, que são um pouco mais pesados do que eram o dióxido de carbono e a água. O peso extra é a energia aprisionada da luz solar. Se você queimar (ou comer) a planta, a energia vai ser novamente liberada.

Na verdade, todas as reações atômicas, todas as mudanças químicas e todos os processos vivos só ocorrem por meio da conversão da matéria em energia, e vice-versa.

DIVIRTA-SE!

AS INCRÍVEIS TEORIAS DE BETO EINSTEIN: $E = MC^2$

A equação mais famosa do mundo diz que a matéria é energia aprisionada e a energia, matéria liberada. O tal do c^2 mostra que existe uma ENORME quantidade de energia em cada porção de matéria.

$$E = mc^2$$

Beto e a bomba

Portanto, o Beto descobriu que a matéria é energia aprisionada. Era uma descoberta incrível, e $E = mc^2$ foi o primeiro passo rumo ao poderio atômico, mas ainda havia muitos passos a dar. O Beto só deu mais um, num artigo escrito em 1920. Explicava nele que grande quantidade de energia podia ser liberada da matéria se os fragmentos de um átomo quebrado fossem metidos com tanta força em outros átomos que estes também se quebrassem. Então os fragmentos desses átomos poderiam quebrar mais átomos, e assim por diante. Isso foi chamado de reação em cadeia, e é o que acontece nas usinas e armas atômicas. As reações em cadeia são como dominós. Se você fizer uma fileira de dominós e derrubar o da ponta, todos os outros também vão cair. Assim:

Mas você também pode arrumar os dominós deste jeito:

Nesse caso, o primeiro vai derrubar os dois seguintes, que derrubarão os quatro seguintes, que derrubarão os oito seguintes... até todos os dominós caírem. É mais ou menos o que acontece quando a bomba atômica explode (muito mais ou menos).

Foi só até esse ponto que o Beto chegou. Em 1935, ele nem sequer achava possível produzir uma reação atômica em cadeia.

Assim, o Beto na verdade não tem nada a ver com a bomba atômica, exceto ter dado os dois primeiros passos. Ele poderia ter contribuído muito mais para a ciência atômica se não se metesse tanto com a política atômica: para o Beto, a ideia de que as pessoas pudessem um dia liberar energia atômica era assustadora, e ele fez o que pôde para impedir que isso acontecesse.

Mas não pôde fazer muito.

TRIBUNA DO UNIVERSO

CENSURADO

27 de janeiro de 1939

ÁTOMOS DESPEDAÇADOS

Hoje, numa conferência em Washington, o gênio quântico Niels Bohr anunciou que um colega seu de Berlim tinha conseguido despedaçar os átomos de um metal chamado urânio. Uma substância diferente — o bário — foi criada, e foi liberada uma enorme quantidade de energia. A conferência especulou que um efeito como esse podia ser usado para fabricar uma bomba poderosíssima.

Os diagramas ao lado mostram a reação atômica em cadeia que ocorre.

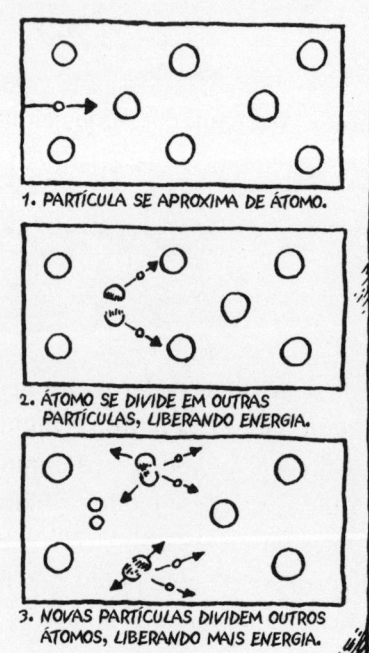

1. PARTÍCULA SE APROXIMA DE ÁTOMO.

2. ÁTOMO SE DIVIDE EM OUTRAS PARTÍCULAS, LIBERANDO ENERGIA.

3. NOVAS PARTÍCULAS DIVIDEM OUTROS ÁTOMOS, LIBERANDO MAIS ENERGIA.

$$E = mc^2$$

Era muito simples fabricar uma bomba atômica, uma vez preparado o tipo adequado de urânio. Um pequeno grão ficaria altamente radiativo, mas não explodiria — os fragmentos atômicos escapariam dele antes que pudessem colidir com um número suficiente de átomos para dar início a uma reação em cadeia apropriada. Mas se o grão tivesse mais que uns 10 cm...

CABUUUUM!

Em 1939, os cientistas americanos acreditavam que os alemães estavam prestes a fabricar uma bomba atômica. Sabiam que o urânio era o ingrediente vital e que havia pouco tempo a Alemanha tinha impedido a Tchecoslováquia de vender o minério para a Rússia. Assim, dois cientistas foram ter com o Beto, mas não para lhe pedir ajuda científica: achava-se que não se podia confiar nele para isso (seu dossiê no FBI já contava, na época, 1427 páginas). O que eles queriam era que o Beto mexesse alguns pauzinhos: a Bélgica possuía mais urânio do que qualquer outro país, de modo que os amigos do Beto foram solicitar-lhe que pedisse à sua velha amiga, a rainha da Bélgica (que a essa altura era rainha-mãe), que não vendesse nenhum grama aos alemães.

Depois de uma longa discussão e de muita hesitação, o Beto acabou escrevendo uma carta, só que não para a rainha da Bélgica, e sim para o presidente americano, Franklin Roosevelt. Dizia nela:

- em breve um país será capaz de fabricar bombas atômicas;
- a Alemanha pode ser esse país.

Embora nenhuma das duas coisas fosse segredo para o Franklin, os cientistas esperavam que o presidente as levasse a sério se o maior gênio do mundo chamasse sua atenção para elas.

Naquele mesmo ano...

TRIBUNA DO UNIVERSO
3 de setembro de 1939
GUERRA OUTRA VEZ!

Após a invasão da Polônia pela Alemanha há dois dias, a França e a Grã-Bretanha declararam hoje guerra à Alemanha, em consequência do fracasso das negociações para deter o avanço alemão na Renânia e na Tchecoslováquia.

Franklin respondeu ao Beto dizendo que havia lançado um programa de pesquisa do poder nuclear, e o Beto escreveu de volta incentivando-o a apressar o programa.

Franklin iniciou, em 1941, em Los Alamos, Novo México, o ultrassecreto projeto Manhattan, para a construção da bomba — mas não por causa das cartas do Beto, e sim por causa dos resultados alcançados nas experiências. Embora o Beto não tenha sido posto a par do projeto, ele provavelmente sabia o que estava em andamento, porque: (a) uma porção de amigos seus trabalhavam no projeto; (b) vários cientistas atômicos que trabalhavam no mesmo prédio que ele desapareceram, e (c) ele era um gênio.

$$E = mc^2$$

Por que o Beto, que até pouco tempo antes se opusera a todo tipo de guerra e de violência, desejava tanto que o país mais poderoso do mundo desenvolvesse uma arma com o poder de matar milhões de pessoas? Ele devia pensar alguma coisa assim:

> SÓ EXISTE UMA COISA PIOR DO QUE AJUDAR ALGUÉM A CONSTRUIR UMA BOMBA ATÔMICA: OS NAZISTAS CONSTRUÍREM UMA ANTES.

É certo também que o Beto não se opunha *àquela* guerra. Ele até prestou consultoria sobre explosivos à Marinha americana e contribuiu para o esforço de guerra leiloando alguns dos seus velhos documentos científicos.

Mas, embora o Beto estivesse convencido de que os nazistas tinham de ser combatidos e de que era vital estar à frente da Alemanha na pesquisa da bomba atômica, ele estava determinado a lutar para que a bomba nunca fosse usada. Tanto que escreveu outra carta, dessa vez a Niels Bohr. Nela, exortava Niels a ajudá-lo a prevenir os políticos dos riscos de usar armas atômicas. Na verdade, Niels já vinha fazendo isso — e conseguira apenas que começassem a desconfiar também dele.

Bem quando os americanos estavam com a bomba pronta, o curso da guerra mudou e descobriu-se que não havia ameaça nuclear da parte da Alemanha. Mas os cientistas atômicos estavam preocupados: sabiam que os Estados Unidos, tendo gastado um tempão e um dinheirão para fabricar a bomba, iam querer usá-la. E pediram ao Beto que escrevesse outra vez ao presidente Roosevelt. Ele escreveu, mas então Roosevelt já tinha morrido. Tarde demais! Os Estados Unidos ainda estavam em guerra contra o Japão, e no dia 6 de agosto de 1945...

Albert Einstein e seu Universo inflável

TRIBUNA DO UNIVERSO
6 de agosto de 1945
BOMBA ATÔMICA DESTRÓI CIDADE JAPONESA

Uma bomba atômica foi jogada esta manhã, por um avião americano, na cidade japonesa de Hiroshima. Morreram instantaneamente 78 150 pessoas, e muitas outras teriam morrido em consequência das queimaduras e dos efeitos da radiação. Uma área de seis quilômetros quadrados foi devastada pelo sopro da bomba.

Beto ficou horrorizado. Ele conhecia Hiroshima, estivera lá em 1925.

Quatro dias depois...

TRIBUNA DO UNIVERSO
10 de agosto de 1945
FIM DA GUERRA NO ORIENTE

Hoje, o imperador do Japão anunciou a rendição do seu país, alvo das bombas atômicas jogadas há quatro dias em Hiroshima e ontem em Nagasaki. Depois da rendição da Alemanha, no dia 29 de abril, a Segunda Guerra Mundial agora chega ao fim.

$E = mc^2$

A guerra matara mais de 50 milhões de pessoas. Outros 16 milhões foram chacinados pelos nazistas, só por serem diferentes: só por serem judeus, gays, ciganos, doentes mentais, socialistas, russos, poloneses, ucranianos... Seis milhões de judeus foram exterminados, ou seja, dois terços dos judeus europeus. O mundo estava decidido a nunca mais permitir uma guerra como aquela, e muita gente achava que exércitos poderosos, dotados de armamento atômico, eram a única forma de garantir a paz.

Beto achava essa ideia uma maluquice: as armas atômicas levariam necessariamente a guerras atômicas e o mundo não estaria a salvo enquanto elas existissem. Nas suas palavras...

A guerra foi ganha, mas a paz não.

Para que o mundo tomasse consciência disso, ele se tornou presidente da Comissão de Emergência dos Cientistas Atômicos, que tinha entre seus membros cientistas que haviam trabalhado no projeto Manhattan. Mas ninguém os levou a sério, e em 1948 a Comissão se desfez.

Foi um ano ruim: Mileva morreu em Zurique e o Beto adoeceu novamente. Nunca tinha cuidado da saúde e agora estava com graves problemas de estômago. Mas Maja tratava dele, e o Beto pôde voltar a trabalhar, embora nunca mais tenha ficado totalmente bom. Era tão famoso agora que não parava de receber visitas e cartas do mundo todo, inclusive uma carta perguntando se ele não gostaria de ser presidente de Israel.

Enquanto isso, a pesquisa de armas atômicas continuava. Foi projetada uma nova bomba, mil vezes mais poderosa do que a que fora jogada em Hiroshima. Chamavam-na de bomba de hidrogênio, porque utilizava uma explosão atômica para fundir átomos de hidrogênio e produzir, assim, uma quantidade gigantesca de energia — o mesmo processo que faz o Sol brilhar. Quando o Beto ficou sabendo disso, ele apareceu na televisão para prevenir as pessoas de que o desenvolvimento da bomba de hidrogênio poderia acarretar...

> ... o envenenamento radiativo da atmosfera e, portanto, a aniquilação de toda forma de vida na Terra.

Foi outra época ruim para o Beto: pouco depois de ele aparecer na tevê, Maja morreu de um ataque cardíaco. O Beto passou a dividir sua casa com Helen Dukas, que tinha sido sua secretária por muitos anos e se tornara uma grande amiga e como que sua governanta, e Margot, uma das filhas do primeiro casamento de Elsa.

Naqueles dias, não era fácil viver nos Estados Unidos: a Guerra Fria se instalara desde o fim da Segunda Guerra Mundial. De um lado, estavam os Estados Unidos e seus aliados; do outro, a União das Repúblicas Socialistas Soviéticas, que havia sido formada pela Rússia e países vizi-

$E = mc^2$

nhos. Cada lado lutava contra as crenças políticas do outro, embora sem muito enfrentamento real.

Nos Estados Unidos, um senador chamado Joseph McCarthy estava de olho em qualquer americano que apoiasse as ideias soviéticas. Bem, isso era o que ele dizia, mas logo passou a perseguir todos os que julgava não serem cidadãos americanos perfeitos, sujeitando-os a interrogatórios públicos. O Beto criticou abertamente o poderoso McCarthy e disse que as pessoas deviam se recusar a responder às perguntas dele, como ele próprio se recusaria. Também apoiou Robert Oppenheimer (aquele que tinha dito que o Beto era "completamente abilolado") quando o governo americano o tachou de perigoso para a segurança dos Estados Unidos por ser contra o desenvolvimento da bomba de hidrogênio.

Tudo isso, combinado com a saúde precária e a fragilidade física, deve ter feito o Beto se sentir muito mal mesmo. Mas, apesar dos pesares, ele continuava a fazer aquilo que mais gostava: desenvolver uma ciência nova e surpreendente.

SUPERCIÊNCIA

Beto desenvolveu a maior parte da ciência de que falamos neste livro entre 1905 e 1927. Morreu em 1955. O que fez durante esses últimos 28 anos (além de tentar salvar o mundo)? A resposta seria surpreendente, se você já não estivesse acostumado com as ideias inesperadas do Beto.

Em 1928, o Beto teve um problema cardíaco que o deixou acamado por quatro meses. O descanso e o sossego forçados deram-lhe tempo para pensar bastante, e, tratando-se do Beto, você já deve estar desconfiando que não era exatamente sobre uma cor para pintar o teto que ele matutava. Era sobre como reunir numa explicação global todos os aspectos do Universo que ele havia explicado antes.

Diário perdido do Beto
Explicação do Universo: o que é preciso fazer
- Inventar a Relatividade Especial. ✓
- Inventar a Relatividade Geral. ✓
- Ajudar a inventar a teoria dos quanta. ✓
- Medir os átomos. ✓

> Explicar por que o céu é azul. ✓
> Mostrar que tempo e espaço estão ligados. ✓
>
> Comprar laranja. ✓
> Mostrar que matéria e energia são a mesma coisa. ✓
>
> (Mostrar que matéria e espaço são a mesma coisa.)
>
> Mostrar que gravidade e aceleração são a mesma coisa. ✓
>
> (Mostrar que eletricidade, magnetismo e gravidade são a mesma coisa.)
>
> Mostrar que as coisas não são tão vagas quanto dizem os físicos quânticos.

Não era a primeira vez que o Beto pensava nessas coisas. Na verdade, ele vinha quebrando a cabeça com o magnetismo desde os cinco anos de idade, quando seu pai lhe deu de presente aquela bússola. E desde que inventou a Relatividade Geral, tentava ampliá-la para explicar mais aspectos do Universo. Mas agora ele havia descoberto uma abordagem completamente diferente, não uma simples ampliação da Relatividade Geral, mas algo novo.

Quando jovem gênio, o Beto tinha sido meio cruel com a matemática, que não passaria de uma ferramenta para ajustar os detalhes das teorias dele. Mas agora ela se tornara a chave da sua nova abordagem. Ele desenvolveu todo um novo ramo da matemática. Um cientista menor teria se contentado em encerrar a carreira com esse feito, mas para o Beto tratava-se apenas de um ponto de partida. Ele começou a empregar sua nova matemática para construir universos-modelos, com a esperança de que um deles funcionasse como o Universo real. Se funcionasse, os mistérios restantes do Universo seriam desvendados. Havia dois que o Beto ansiava por solucionar:

> ## Diário perdido do Beto
>
> 1. A Teoria da Relatividade mostra que a gravidade é uma curvatura do espaço-tempo. Mas a eletricidade e o magnetismo não podem ser explicados assim. Não seria mais bonito e simples se pudessem? E não poderíamos deixar inteiramente de lado a ideia de matéria e falar de tudo — átomos, gravidade, maçãs, gente — como se fosse mera torção do espaço-tempo? Um Universo assim seria tão simples (e sempre acreditei que o Universo deve ser essencialmente simples).
>
> 2. O Universo não pode ser tão incerto e aleatório quanto pretende a teoria dos quanta. Deve haver uma explicação melhor!

Teorias de Tudo

Como a teoria iria explicar ao mesmo tempo os campos gravitacionais, elétricos e magnéticos, o Beto chamou-a de Teoria do Campo Unitário. Hoje, uma teoria assim seria chamada de Teoria de Tudo, um conjunto de equações que conteria *toda* a ciência para explicar o Universo.

Superciência

Voltemos a 1929. Quando o Beto ainda morava na Alemanha, ele construiu uma casa nova, que se deu de presente de cinquenta anos. Ficava em Caputh, um sossegado bairro de Berlim. Foi lá que ele experimentou pela primeira vez seu novo projeto, ajudado por uma máquina de calcular chamada Walther.

MAS PODEM ME CHAMAR DE WAL!

Não, não — não existiam maquininhas assim naquela época. Walther era um homem, e cobra em cálculo.

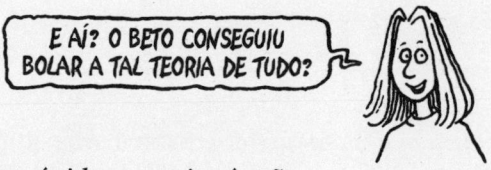

E AÍ? O BETO CONSEGUIU BOLAR A TAL TEORIA DE TUDO?

A resposta rápida e rasteira é: não.

AH, QUE FRUSTRAÇÃO...

Com o passar dos anos, o Beto várias vezes achou que estava chegando perto da resposta, mas nunca chegava. O problema era que, dessa vez, ele não tinha nenhuma ideia brilhante para ajudá-lo (tipo "a luz é granulosa" ou "a gravidade desaparece quando você cai do telhado do prédio"). A coisa mais parecida com esse tipo de ideia não veio do Beto, mas de um cientista chamado Theodor Kaluza, que sugeriu

Albert Einstein e seu Universo inflável

que, se pensar num espaço quadridimensional ajudava a explicar o movimento e a gravidade, acrescentar uma quinta dimensão poderia explicar o resto. O Beto gostou da ideia e tentou introduzi-la na sua teoria. Mas não deu certo. *Nada* do que ele tentou nesses 28 anos funcionou direito.

Durante muitos desses anos, o Beto esteve seriamente doente, com problemas no intestino e uma artéria dilatada. Em 1950, a artéria começou a piorar, e ele sabia que lhe restava pouco tempo de vida.

Beto não se assustava com a ideia da morte. Dizia que a morte era...

> ... *uma velha dívida que a gente acaba pagando.*

Uma cirurgia poderia ter prolongado um pouco a sua vida, mas ele não quis se operar e passou seus últimos anos trabalhando pela paz e quebrando a cabeça com a Teoria do Campo Unitário, em casa e no Instituto de Estudos Avançados.

No dia 11 de abril de 1955, o Beto aceitou assinar um protesto contra a construção internacional de armamentos nucleares. Poucos dias depois, seu estado de saúde piorou e ele foi internado, mas continuou trabalhando no hospital, onde fez seus últimos cálculos no dia 17 de abril de 1955, um domingo. Morreu na manhã seguinte.

DEPOIS DO BETO

Maja, Mileva e Elsa morreram antes do Beto, mas seus filhos morreram depois. Eduard tornara-se doente mental e vivia num hospital psiquiátrico desde 1933, onde ficou até morrer, em 1965. Hans Albert teve uma vida mais feliz. Tornou-se professor de hidráulica da Universidade da Califórnia, em Berkeley, e morreu em 1973. É possível que a filha do Beto, Lieserl, também lhe tenha sobrevivido.

Apesar de o Beto ter deixado a Teoria do Campo Unitário inacabada, seus esforços não foram vãos. Os cientistas continuam trabalhando hoje em dia em Teorias de Tudo, ainda utilizam a ideia do Beto de construir modelos do Universo com a matemática pura e ainda se baseiam na ideia de dimensões extras. Mas ainda não chegaram a uma teoria válida.

> BEM, ATÉ QUE DECIFRAMOS ALGUMAS COISAS.

Albert Einstein e seu Universo inflável

Em que pé estão hoje os dois problemas do Beto?

> PODE UM SÓ CONJUNTO DE EQUAÇÕES EXPLICAR A ELETRICIDADE E O MAGNETISMO, BEM COMO A GRAVIDADE E O MOVIMENTO?

> PODE. MAS NOSSO PROBLEMA É ATÉ MAIS DIFÍCIL QUE O SEU, PORQUE NÃO HÁ APENAS DUAS FORÇAS NO UNIVERSO (GRAVIDADE E ELETROMAGNETISMO), MAS QUATRO!*

> BRILHANTE! E QUAIS SÃO AS EQUAÇÕES, ENTÃO?

> BEM... AINDA NÃO TEMOS CERTEZA...

> AH. E DÁ PARA MOSTRAR QUE O MUNDO NÃO É TÃO INCERTO QUANTO DIZ A TEORIA DOS QUANTA?

> NÃO. O UNIVERSO É MESMO MUITO INCERTO.

* As outras duas são a força forte (que mantém os átomos unidos) e a força fraca (que cinde as partículas).

As novas, e inacabadas, Teorias de Tudo que estão em circulação hoje em dia dizem:

> O MUNDO É FEITO DE UMA CORDA.
>
> NÃO DIGA! QUE ESTRANHO...
>
> MAS NÃO É UMA CORDA QUALQUER. É UMA SUPERCORDA!
>
> AH, BOM. UMA SUPERCORDA.

A teoria da supercorda diz que tudo é feito de coisas minúsculas, muito, muito, mas muitíssimo menores mesmo que os átomos, chamadas cordas. Algumas cordas têm as pontas atadas uma à outra; outras, não. E todas oscilam de diferentes maneiras. Só para complicar as coisas, as cordas não vivem no espaço-tempo quadridimensional que já conhecemos. O mundo delas tem nada menos que ONZE dimensões (o Beto estava no caminho certo, portanto, quando tentou explorar a quinta). Sete dessas dimensões são tão maçarocadas que não podemos vê-las. A última versão dessas teorias, a chamada teoria M, diz que há também uma porção de outras coisas minúsculas por aí — umas chatas e finas, outras que parecem grãozinhos de barro mole.

A ideia é que tudo pode ser explicado em termos dessas cordas e dessas coisas estranhas. Teoria dos quanta, relatividade, eletricidade, magnetismo: as cordas podem explicar o que for. A teoria das cordas ainda não foi concluída, e até agora apresenta um grande êxito e um grande problema.

O êxito aconteceu quando os cientistas que a inventaram

tentaram facilitar seu trabalho não explicando tudo de uma vez só. Sabiam que a gravidade ia ser um osso duro de roer e procuraram explicar apenas as outras forças que eles conheciam. Depois de trabalharem um tempão tentando dar os retoques finais na complicadíssima matemática das cordas que lhes possibilitaria criar as muitas equações de que necessitavam, acharam que poderiam mal ou bem passar às explicações, mas sempre sobrava no caminho um irritante pedacinho de corda. Por mais que eles tentassem, esses restos não paravam de aparecer. Mas quando examinaram esses pedaços para ver o que eram exatamente, descobriram que se tratava de representações da gravidade! Parece que a teoria liga a gravidade a outras forças, doa a quem doer; logo, ela é de fato uma Teoria do Campo Unitário, ou vai ser, se um dia for concluída.

O grande problema é que não há prova de que as cordas existam: elas são minúsculas demais para que possamos vê-las e parece não haver como realizar experiências que comprovem sua existência. Claro, esse tipo de problema não teria incomodado nem um pouco o Beto — ele simplesmente atinava com uma ideia incrivelmente simples, dava sua explicação matemática e esperava o Universo se adaptar a ela. Mas a teoria da supercorda não tem nada de parecido com as inesperadas ideias do Beto. Pode ser que tenha de aparecer um outro Beto com uma ideia assim.

Não é só na teoria da supercorda que ainda se usam as ideias do Beto: em cosmologia e em astrofísica também estão sendo feitos trabalhos de todo tipo baseados na Relatividade Geral. Quanto à teoria dos quanta...

NÃO ME FALEM EM TEORIA DOS QUANTA! QUE TAL CONVERSARMOS SOBRE A VIAGEM NO TEMPO?

Viagem no tempo? Tudo bem...

Como já sabemos, se você comprimir matéria bastante num espaço suficientemente pequeno, vai obter um buraco negro. À primeira vista, o tal do buraco negro não parece muito complicado: é apenas uma coisa com uma gravidade superforte. Mas na verdade buracos negros têm uma particularidade estranhíssima.

Estrelas mortas

Não fosse o fluxo de energia proveniente das reações atômicas, qualquer estrela gigante sucumbiria a seu próprio peso, que é exatamente o que acontece quando sua reserva de combustível acaba. A gravidade é suficientemente forte para aniquilar não apenas seus átomos, mas as próprias partículas de que eles são feitos. Nessa fase, a atração gravitacional é tão forte que nem mesmo a luz consegue escapar; forma-se então um buraco negro, e não há nada que possa impedir a estrela de sucumbir até não ocupar mais nenhum lugar no espaço! Esse tipo de coisa chama-se singularidade, um lugar onde acontecem coisas estranhas ao espaço-tempo, coisas que ninguém entende plenamente. Mas parece que essas singularidades permitiriam às coisas voltar no tempo!

Está aí uma ideia perturbadora...

Albert Einstein e seu Universo inflável

Depois do Beto

Incrível, não? Voltando no tempo, você pôde mudar o passado; portanto, você não nasceu. Mas, se não nasceu, não cresceu; portanto, não pôde voltar no tempo para mudar o passado. Portanto, nada poderia impedi-lo de nascer. Portanto, você cresceria, voltaria no tempo e impediria seu nascimento. Portanto, não cresceria, não voltaria no tempo...

Se a viagem ao passado só é possível no interior dos buracos negros, então não é lá muito interessante: ninguém pode sobreviver dentro de um buraco negro, ninguém pode escapar dele; logo, ninguém poderia usar um desses buracos como máquina do tempo.

Depois do Beto

Mas os cientistas hoje acham que é possível uma singularidade se formar *fora* de um buraco negro. Isso aconteceria, por exemplo, se o buraco girasse numa velocidade suficiente. Nesse caso, para viajar de volta no tempo, não seria preciso entrar no buraco negro. Bastaria passar voando por ele. Se você for esperto o bastante, vai ser capaz de sair de lá antes de ter chegado (e, é claro, se quiser, você pode se impedir de chegar lá e, assim, entrar no mesmo tipo de círculo vicioso em que entraria se fosse impedir que seus bisavós se conhecessem).

Que sentido tem isso tudo, afinal? Os cientistas não estão muito certos: pode ser que a Relatividade Geral esteja errada (mas ela vem funcionando muito bem faz anos, e não há nenhuma teoria melhor à disposição). Ou, talvez, haja uma espécie de "destino" que impediria que você alterasse seu passado (só que isso não soa nada científico). Ou, talvez, até seja possível, de algum jeito extraordinário.

Mas os buracos negros girando não são apenas uma ideia brilhante: eles existem mesmo, há uma porção deles pelo Universo afora, e é bem possível que encontremos um que gire de modo a funcionar como uma máquina do tempo. Então, onde (e *quando*) estaremos?

A ciência progrediu muito desde que o Beto a pôs no caminho certo. De todos os muitos bilhões de pessoas que já viveram, só um punhado realizou algo comparável com as descobertas dele, e os cientistas concordam que a Relatividade Geral é a maior teoria já criada por uma só pessoa.

Todo mundo era tão fascinado pelo cérebro do Beto que, depois que ele morreu, o retiraram para estudá-lo. À primeira vista, parecia igual ao de qualquer outra pessoa: cinzento, rugoso... Não era o tipo de coisa que você gostaria de encontrar no seu bolso.

Mas em 1996 os cientistas chegaram à conclusão de que uma parte dele era, de fato, um pouco maior que o normal. Em todo caso, a maneira como o Beto o utilizava para desvendar os mistérios do Universo continua misteriosa como sempre.

Beto foi inigualável na combinação entre o seu trabalho científico e uma luta pela paz que serviu de exemplo para gente do mundo todo. Não é de espantar que a revista *Time* o tenha elegido, em 1999, como "Pessoa do Século". Onde o Beto fracassou — em sua luta pela paz e em sua busca da Teoria de Tudo —, ninguém teve sucesso, e onde ele teve sucesso, mudou completamente nosso entendimento do Universo. Não é à toa que ele é um morto de fama.